Beauty

教师教育哲学译丛　译丛主编　王占魁

and

美与教育

Education

[英] 乔·温斯顿（Joe Winston）◎著

李育球◎译

华东师范大学出版社
·上海·

图书在版编目(CIP)数据

美与教育/(英)乔·温斯顿著;李育球译.
上海:华东师范大学出版社,2024.—(教师教育哲学
译丛).—ISBN 978-7-5760-5467-5

Ⅰ.G40-014

中国国家版本馆 CIP 数据核字第 20242156NN 号

教师教育哲学译丛

美与教育

著　　者　[英]乔·温斯顿
译　　者　李育球
责任编辑　彭呈军
特约审读　冯　春
责任校对　陈　扬　时东明
装帧设计　卢晓红

出版发行　华东师范大学出版社
社　　址　上海市中山北路 3663 号　邮编 200062
网　　址　www.ecnupress.com.cn
电　　话　021-60821666　行政传真 021-62572105
客服电话　021-62865537
门市(邮购)电话 021-62869887
地　　址　上海市中山北路 3663 号华东师范大学校内先锋路口
网　　店　http://hdsdcbs.tmall.com

印 刷 者　上海龙腾印务有限公司
开　　本　787 毫米×1092 毫米　1/16
印　　张　14
字　　数　177 千字
版　　次　2025 年 8 月第 1 版
印　　次　2025 年 8 月第 1 次
书　　号　ISBN 978-7-5760-5467-5
定　　价　58.00 元

出 版 人　王　焰

上海市版权局著作权合同登记　图字:09 - 2021 - 0885 号

宛凯莉

献给我的母亲玛丽·凯瑟琳·温斯顿（Mary Catherine Winston）和父亲约翰·约瑟夫·温斯顿（John Joseph Winston）。

美的毁灭会给我们留下一个无法忍受的世界,就像善的毁灭会给我们留下一个全人类无法生存的世界一样。

——亚瑟·C.丹托,《美的滥用》

美之精灵啊,你以你色彩

令你照临之人的思想或形象

神圣庄严起来——你竟去了何方?

——珀西·比希·雪莱,《赞智性美》

丛书总序

对中国教育界而言，"教师教育"或者"师范教育"是一个并不陌生的概念。作为一项文化事业，它不仅一直是"师范"院校的主要职能，而且近年来也日渐成为"综合性大学"竞相拓展的业务范围。尽管我国自古就有浓厚的"师道"传统，也留下了为数众多的"师说"篇章，但是，近现代以来，我国学者对"教师教育"或"师范教育"的理论思考整体上比较薄弱，鲜有成体系的、具有国际影响力的教师教育理论，同时也缺乏对国外教师教育哲学理论成果的引介。从教育理论建构的意义上讲，"见证好理论"乃是"构建好理论"的前提条件。目前，在国家号召构建"成体系"的人文社会科学理论的背景下，引介国外知名学者有关教师教育的哲学思考，或许正当其时。

2020年5月，在华东师范大学基础教育改革与发展研究所的支持下，依托自己所在的"教育哲学"学科，我申请成立了"办学精神与教学特色研究中心"（以下简称"中心"），以期围绕教育活动中的"办学主体"和"教学主体"两个核心动力系统做些学术研究和社会服务。稍后，在从事有关美国要素主义教育哲学家威廉·巴格莱的教师教育哲学思想研究的过程中，我深切地感受到教师教育哲学对教师培养质量和教师职业生活品质影响深远。但是，无论是与上个时代纵向比较，还是与这个时代其他人文学科横向参照，近些年来国内教育学界有关国外标志性教育理论成果的引介力度都相对式微。从学术共同体建设的长远视野看，对国外教育理论的深入研究和广泛了解的不足，将在很大程度上制约我们自己的学术眼界、思想活力与理论深度。于是，我萌发了以"中心"之名策划一套《教师教育哲学译丛》的想法。

经过近半年的多方考察和华东师范大学出版社的谨慎筛选,我最终选定了西方学界4位学者的7本著作:第一本是英国教育哲学学会的创立者及首任主席、伦敦大学教育学院院长和教育哲学教授理查德·斯坦利·彼得斯(Richard Stanley Peters)的《教育与教师教育》。该书从"教育的正当性""教育与有教养的人的关系""教育质量的含义""自由教育的歧义与困境""柏拉图的教育观""哲学在教师训练中的地位""教育(学科)作为教学的具体准备""教育作为一门学术性学科""大学在教师教育中的职责"九个方面,充分展现了一位分析教育哲学家对"教育"与"教师教育"问题的系统思考。第二本是前美国教育史学会主席、斯坦福大学教育学院兼历史系教授戴维·F·拉巴里(David F. Labaree)的《教育学院的困扰》,这本书从历史社会学的角度研究美国教育学院的地位问题,系统分析了教育学院在师资培养、教育研究人员训练、教育知识生产等方面所面临的特殊困难。

接下来的四本书,皆出自前美国教育哲学学会和约翰·杜威学会的"双料主席"、哥伦比亚大学教师学院教育史与教育哲学专业的戴维·T·汉森(David T. Hansen)教授。其一,《教学召唤》通过对不同类型学校教师的日常教学工作进行"深描",探讨教师应当如何对待学生、如何管理课堂、如何参与学校及社会公共事务等议题,深入挖掘"教师"的职业身份意义与专业精神内核,并就教师如何兼顾"实现自我"与"公共服务"提供了独到见解。其二,作为《教学召唤》的姊妹篇,《重思教学召唤:对教师与教学的见证》借助生动案例,以审美、伦理和反思的方式呈现了敬业教师的存在状态,进而对教师为召唤而教的理论主张作出了全新的描述,并明确将教学界定为一种"伦理实践",指出教学作为一种了解人性、改变学生心灵状况的使命召唤,远比工作、职业、工种、专业要深刻。其三,《教学的道德心:迈向教师的信条》,从"作为个人的教师意味着什么"问题入手,系统研究了在教学中成长的个体教师形象以及塑造这种教师的环境,进而对教学和传统的关系、理想在教学中的地位等问题进行了深入讨论。其四,面对世界的日益多元化、学校的日趋多样化、学生教育需求与学习能力差异的加剧等诸多现实挑战,《教师与世界》一书引导教师如何在忠诚于本土价值观、利益和承诺的同时,建立对新人、新事物和新思想的理性开放态度,鼓励他们通过不断反思实现二者之间的平衡。

最后,作为"尾声"压轴出场的是前国际知名刊物《戏剧教育研究》的联合主编、英国华威大学戏剧与艺术教育学专业乔·温斯顿(Joe Winston)教授的代表作《美与教育》。这本理论与实践紧密结合的教育美学力作,致力于唤醒教育中的美。它不仅对美的思想史进行了精要的纵向梳理,也对美与教育关系进行深入的横向分析,进而提出了"美即教育经验"重要命题;它不仅对教育与美进行深刻的理论阐释,而且深入到具体学科教学上做了详细的案例研究,对各科教师审美素养的培育都极具实践参考价值。

众所周知,现今高校青年教师肩负的教学、科研和生活压力十分繁重,与科研论文著作相比,校内外各种绩效考核和学术评奖对译著作品重视程度有限;与各级各类课题经费相比,国内译著的稿酬更是十分微薄;与此同时,要从事学术翻译工作,可能需要译者牺牲自己(包括与家人共度)的"休息时间"。由此来看,从事学术翻译的确不是一个"聪明"的选择。但是,这并不意味着学术翻译是一项没有"智慧"就能胜任的工作。这是因为,作为一项兼有"英文阅读"和"中文写作"双重属性的工作,学术翻译的难度远大于两项中的任何一项,甚至大于两项难度之和;译者不仅需要首先理解英文原意,也需要创造性地跨文化转述;既不能只顾英文的陈述逻辑,也不能只顾中文的语言习惯,每一章、每一节乃至每一段都要同时结合两种文化语境重新推敲、反复斟酌。显然,这不仅需要思维能力的支撑,更需要高度的道德自觉、价值态度和直觉才能等精神力量的支撑。正是从这个意义上讲,学术翻译乃是一种饱含"智慧"的付出。倘若不假思索地按照字面"直译""硬译",就不免会对专业领域通行的一些"术语"误解误读,进而对该领域的初学者造成误导。因此,一部优质学术翻译作品的问世,不仅意味着译者的时间投入和智慧付出,也意味着译者对一个专业领域的仔细考究和深入钻研。

本译丛自筹划到出版,前后历时整四年。特别感谢六位"八〇后"中青年学友能够接受我的这份译事邀约,他们分别是北京师范大学教育基本理论研究院的林可博士、华东师范大学国际与比较教育研究所的沈章明博士、华南师范大学教育科学学院的刘磊明博士、江苏师范大学教育科学学院的张建国博士、清华大学教育研究院的吕佳慧博士和广州大学教育学院的李育球博士。他们结合自身的研究兴趣和专业所长,各自独立承担了一本书的翻译工作! 我相信,诸位译者和我一样深知,我们在竭力解读、领悟、澄清和贴近前辈学人话语方式和理论逻辑的过程中,也在履行我们这一代学人所肩负的学科赓续和学脉承传的历史使命。这不仅体现了我们对学术事业共有的真挚热爱,也体现了这一代中青年教育学者不辞辛劳、不畏艰难、勇担"拾薪"与"传薪"重任的精神品格。更为重要的是,这种领域兴趣原则与独立自主原则相结合的分工机制,将为这套译丛的质量提供不可或缺的动力基础和专业保障。

值此"办学精神与教学特色研究中心"成立四周年之际推出这套译丛,希望能够为中国教师的实践工作和中国教师教育事业提供一些"窗口",同时也为中国教师教育的学术研究增添一些"砖瓦"。由于个人能力有限,恐错漏之处在所难免,不当之处,敬请各界方家及广大教育同仁批评指教。

王占魁

2024 年 4 月 8 日

目　录

插图目录

致 谢

首先，我要感谢科莱特·康罗伊(Colette Conroy)、迈克·弗莱明(Mike Fleming)、弗雷德·英格利斯(Fred Inglis)和迈尔斯·坦迪(Miles Tandy)，感谢他们对本书草稿章节的宝贵意见。我还要感谢朱丽叶·弗莱(Juliet Fry)、玛丽·佩雷拉(Mary Pereira)、彼得·里德(Peter Reid)和吉尔·温斯顿(Gill Winston)这些天才教师，我在书中引用了他们许多典型的实践案例。也要感谢皇家莎士比亚剧团(Royal Shakespeare Company)的教育团队——雷切尔·加特赛德(Rachel Gartside)、金妮·格兰格(Ginny Grainger)、海伦·菲普斯(Helen Phipps)和杰基·奥汉伦(Jacqui O'Hanlon)——第五章与第七章会特别提及他们的工作。最后，我要感谢我的编辑本·霍尔茨曼(Ben Holtzman)和詹妮弗·莫罗(Jennifer Morrow)，感谢他们耐心高效地回答了我所有的问题。

本书已出版过的部分内容：

"美、善与教育"《道德教育期刊》，第 35 卷，第 3 期(2006 年 9 月)，版权归泰勒和弗朗西斯出版集团所有。"是艺术的选择，而不是生活的选择：美作为教育的必要性"《美育杂志》，第 42 卷，第 3 期(2008 年秋季)，版权 2008 年归伊利诺伊大学董事会所有，经伊利诺伊大学出版社许可使用。"戏剧与美：激发学习的欲望"，载于《IDEA 2007 对话：老生能谈·后生可谓国际戏剧/剧场与教育联盟第六届世界会议》，由香港教育剧场论坛(TEFO)及国际戏剧评论家协会(香港，2008 年)出版，经 IDEA 和 TEFO 许可使用。第五章中的儿童诗首次发表在我的书《戏剧与英语：课程的核心》，伦敦：大卫·富尔顿出版社(2004),并得到了作者的许可。大卫·富尔顿出版社属于泰勒和弗朗西斯集团。基特·赖特的诗《魔法盒》的摘录经英国企鹅出版社许可印刷。第二章中的帕特农神庙平面图来自网站 http://www.greeklandscapes.com/greece/acropolis/parthen-onpicture.html,该网站声明它不受版权保护。提香的《神圣的爱与世俗的爱》是经罗马马球博物馆管理员的许可印刷的。雅克·路易斯·大卫的雷卡米耶夫人的画像是由巴黎卢浮宫印刷。巴勃罗·毕加索的《亚威农少女》经纽约巴勃罗·毕加索遗产和纽约艺术家权利协会(ARS)许可印刷。奥托·迪克斯的《滑板者》经柏林文化和博物馆的许可印刷。第四章的照片是翡翠洞,由英国伯明翰的"游戏屋"(The Play House)装裱,经许可印刷。第五章中孩子的画是经作者许可印刷的。第六章中的图像经 www.steph-enwolfram.com 的沃尔弗兰科学公司许可印刷。

第一章　探寻教育之美

美为何在沉睡？

　　几年前，当我开始对美与教育这一主题感兴趣时，我的同事们对此有些不解。他们的反应，从礼貌性沉默，到批判性质疑，再到嗤之以鼻。一位同事上下打量着我，评论道，对于一个对美感兴趣的人来说，他绝不可能从我的穿着方式猜出来。撇开我的穿着品位不说，他们的反应不足为奇。美似乎并不在任何人的教育议程上。不管是课程文件、国家战略文件还是教育研究报告细节，你花很长时间都难以从中找到任何关于美的提法。即使在关于艺术的教育价值论辩中，诸如文化、创造力、质量与卓越这些词司空见惯，美却是全然不见的[1]。约翰·霍尔登(John Holden)甚至提出：在当今任何关于艺术的文化价值辩论中使用美的概念，"往好的说是尴尬，往坏的说

1　See, for example, Francois Matarasso, *Use or Ornament? The Social Impact of the Arts*, Stroud, UK: Comedia, (1997); J. Burton, R. Horowitz and H. Abeles, 'Learning in and Through the Arts: Curriculum Implications', *Champions of Change*, (1999), pp. 36 – 46, available online at http: //www. aep @ ccsso. org (accessed June 2004); J. Catterall, R. Chapleau and J. Iwanaga, 'Involvement in the Arts and Theatre arts', *Champions of Change*, (1999), pp. 1 – 18, available online at http: //www. aep@ccsso. org (accessed June 2004); John Holden, *Capturing Cultural Value*, London: Demos, (2004), available online at http: // www. demos. co. uk (accessed May 2005); *Culture and Learning: Towards a New Agenda*, London: Demos, (2008).

是可鄙"[1]。如果美在沉睡,那么很少有教育学家试图唤醒她,而且绝大多数人似乎都乐于全然忘记她。

2009 年 3 月在伦敦举行的一场辩论,为解释这种疏忽,提供了一个有益的起点[2]。哲学家罗杰·斯克鲁顿(Roger Scruton)代表"英国对美变得漠不关心"动议(motion)发言,他同时展示了波提切利(Botticelli)的维纳斯(Venus)像和时尚模特凯特·摩丝(Kate Moss)的照片。斯克鲁顿的目的是展示前者与后者的粗俗商业主义相比的内在美,主张传统艺术作品在审美和道德上优于当代粗俗的文化产品。另一方面,设计评论家斯蒂芬·贝利(Stephen Bayley)反对这项动议,他接受了一种更具包容性的愿景,将人们在时尚服装店和当代设计中对美的日常追寻,视为一种有效且充满活力的追求,而不是一种值得我们鄙视的活动。他嘲笑斯克鲁顿无法认识与欣然接受维纳斯和凯特·摩丝皆美。然而,教育的问题在于,长期存在的意识形态争论似乎为教师提供了怀疑两者之美的道德和政治理由。

美在校外很可能很活跃,但在道德上,教师很难忽视营销专家们以包装商品化的方式,塑造与操控利用年轻人的欲望与愿望。快速浏览一下电话簿或短暂访问一下报刊亭,就足以表明一种强大的当代认同,即把"美"这个词等同于时尚,尤其是化妆品(美容美发与美甲美肤产品),这在针对少女与少妇流行杂志中显而易见。另一方面,年轻男性以女性身体的形式展示美,在幼稚的杂志上半色情地卖弄,在高性能汽车与摩托车的金光闪闪中炫耀。

---

1   John Holden, op. cit., p.23.

2   This was the first in a series of 'Quality of Life' debates organised by the National Trust, UK. It took place on 19 March 2009 and was reported in *The Observer*, 22 March 2009, pp.28 - 29.

足球运动员、电影明星与时尚模特(例如凯特·摩丝)光彩照人的形象
(glossy images)将浮华和诱惑(glamour)与美丽和愿望(desire)混为一谈,
并承诺在马略卡岛(Mallorca)或加勒比海(Caribbean)海滩上享受无尽阳光
(和派对),使画面更加完整。表面诱惑之下是那些将财富(wealth)与幸福
(well being)、消费主义与快乐(happiness)混为一谈的梦想。我们被告知,
这些梦想对任何清醒的教育愿景都是可恶的,对来自弱势背景的年轻人的
幸福与快乐尤其有害[1]。艾丽卡(Elektra)对特洛伊的海伦(Helen of Troy)
的谴责似乎仍然具有相关性:"哦,人类的美是多么的邪恶,它侵蚀着、腐化
着所触及的一切。"[2]

　　这种美的腐败是否应该导致教育学家完全忽视它,或者他们的忽视是
否加剧了它作为一种文化价值的腐败,仍是一个有争议的问题。罗杰·斯
克鲁顿提议可以将高雅艺术作为商业文化的堕落价值观的补救措施。然
而,进步派(progressive)的声音批评任何像罗杰·斯克鲁顿这样的提议者。尤
其是女性主义者,他们极度怀疑美及其在视觉艺术历史语境和当代时尚摄影
世界中的表现,认为这两者都是为了掩盖和复制性别政治。女性裸体形象是
美的传统体现,她们认为这是将最高形式的美等同于男性快感的服务。因此,
高雅艺术的形象不可能轻易地与时尚和化妆品行业的价值观分离,因为所有
人都在向女性兜售不可能的完美形象,这一罪行延续了娜奥米·沃尔夫
(Naomi Wolf)著名的"美丽神话"(The Beauty Myth)。在她的同名书中,她声
称对美的崇拜诱骗了女孩和妇女,导致了女性的自我形象贬低、抑郁症和厌食

---

[1]　See Richard Layard and Judy Dunn, *A Good Childhood: Searching for Values in a Competitive Age*, London: Penguin, (2009), p.59.

[2]　Euripides, *Orestes*, lines 126 - 127, cited in Anthony Synnott, *The Body Social: Symbolism, Self and Society*, London: Routledge, (1993), p.79.

症[1]。因此,她把美本身当成一个政治陷阱,一个严重违背女性利益的陷阱。

文化生产领域中的美服务于隐蔽的政治利益,这一观点在学界颇具影响力,它已经渗透到教学专业。存在着美的普遍性范例,值得纳入伟大艺术作品经典,这一观点不仅受到女性主义者,而且受到来自后殖民主义和残疾研究领域的学者们的挑战,最著名的,要属法国社会学家皮埃尔·布迪厄(Pierre Bourdieu)的研究[2]。简言之,布迪厄认为,对美的欣赏和对"好品位"("good taste")的教育是文化资本的来源,这赋予了那些能从中受益的人社会区隔(social distinction)的标志。他基于对巴黎中产阶级的研究,声称他们的艺术品位——罗杰·斯克鲁顿完全赞同的品位——不是无利害关系的审美愉悦的结果,而是与他们对社会区隔的渴望密切相关。他总结道,这种准则建立在一个讲故事的教育体系中,它为统治阶级利益服务,通过排斥下层阶级参与审美趣味来反对下层阶级的利益,而下层阶级仍被教导认为这些审美趣味优于下层阶级自身的审美趣味。

在这样一种批判性喧嚣中,随着性别、种族、阶级、身体和后殖民主义诸种政治发出如此强调的声音,许多艺术家与教师都在回顾德国剧作家贝托尔特·布莱希特(Bertolt Brecht)的美学灵感[3]。布莱希特也把美看作一种诱人、安慰的情感麻醉剂,它使人们的道德理性陷入沉睡。对他而言,艺术应该是公开的、政治性的,致力于唤醒人们对政治压迫现实的意识;它的目的是改变态度,而不是提供肤浅的美的慰藉。他的理论——他称之为

---

1 Naomi Wolf, *The Beauty Myth*, Toronto: Random House, (1990).

2 Pierre Bourdieu, *Distinction: A Social Critique of the Judgment of Taste*, translated by R. Nice, London: Routledge and Kegan Paul, (1984).

3 See John Willett (ed.), *Brecht on Theatre*, London: Eyre Methuen, (1964).

Verfremdungseffekt，通常被翻译成英语"间离效果"（alienation effect）——是一种反美学，其目的是令人触目惊心与坐立不安。因此，决裂（rupture）而不是狂喜（rapture）被认为是任何致力于促进社会正义的艺术作品的关键美学决定因素。因此，难怪布莱希特在那些文化与教育机构里致力于促进社会正义的艺术家和教师中非常流行，而美作为一个如此沉默的概念，在教育界遭遇积极的敌意与消极的冷漠，也就不足为奇了。

引言一章，应提出贯穿全书要研究的问题，而不是试图解决这些问题。然而，这些文化与政治的论辩往往忽视了美的一个明显方面，这是不可忽视的；也就是说，美作为超越艺术与时尚世界的人类经验领域的价值，无处不在，这标志着它对我们的生活至关重要。杰曼·格里尔（Germaine Greer）对"三月辩论"（the March debate）的贡献正是始于这一立场。他认为最近春天的来临，给我们带来了普遍的欣喜与兴奋，这证明了对美的天生热爱是我们共同的人性特征。"我们精神抖擞，乐观也随之而来，因为美并不存在于我们之外，而是我们内心的一个概念。我们一直在寻觅它。我们在日常生活中寻觅它……我们把它放在后门，我们把它挂在嘴边。"[1]

七十年前，哲学家 R. G 科林伍德（R. G Collingwood）提出了一个类似的观点——普通人总在用美这个词，并且知道他们这样做的意思："美这个词，无论在哪使用，无论如何使用，都意味着我们喜欢、欣赏或渴望这些事物。"[2] 尽管它不得不忍受来自文化和教育理论家的种种批判，但美一直在共同经验的对话中占据主导地位。无论是用来描述人或动物的体形，男人或女人的身体；甜美的声音，流行的旋律或体育运动中令人惊叹的时刻；无论

---

1 Germaine Greer, 'Our Spirits Rose because We Had a Visitation of Spring', *The Observer*, 22 March 2009, p. 29.

2 R. G. Collingwood, *Principles of Art*, Oxford: Oxford University Press, (1958), p. 40. First published in 1938 by Clarendon Press.

是幼儿园老师用来赞美孩子的绘画，还是母亲用来描述女儿的新衣服；抑或为了赞美一个温暖明媚的傍晚或惊艳绝伦的日落——普通人毫不费力地使用美这个词，以一种完美地表达爱美重视美是多么普遍（unexceptionally）的人性的方式，将语言与世界联系起来。

美在我们的文化生活中无处不在，这足以证明我们把它视为一种必要的人类价值。与所有这些价值观一样，它将受到我们所生活的某种或多种文化的塑造和影响；而学校的关键社会文化角色之一一直是帮助塑造年轻人的态度和价值观。作为教师，我们可能不赞成美容业如何构建和推广特定的美的形象，但它能够通过人类对被爱和被欣赏的渴望，以及我们本能地在爱和美之间建立的密切联系来做到这一点。借用萨福（Sappho）的话来说，美即我们之所爱[1]。我们也可以冒失地认为，欣赏与希望被欣赏、爱与希望被爱对年轻人来说，是完全合适的。在这种情况下，学校不应忽视美，而应该考虑自身的一个重要角色，即向年轻人介绍那些值得被爱的人类成就和文化活动，为他们提供各种建设性机会，让他们因发型、身材和运动鞋品牌之外的原因而被爱被赞赏。好的学校可能会声称他们已经在这样做了，但如果美的概念可以帮助推动与指导这种努力，那么他们对它的忽视就是一种失职。

美的不确定性，教育的"确定性"：一个例子

由于美是人类的共同价值，因此近年来学者们再次开始认真对待，重新

1　In Sappho, Fragment 16; she writes, 'I say it (beauty) is what you love'. I have taken this from one of the opening references in Alexander Nehamas, *Only a Promise of Happiness: The Place of Beauty in a World of Art*, Princeton, NJ: Princeton University Press, (2007).

评估它在我们的私人和公共生活中的地位也就不足为奇了[1]。自9.11事件以来,这一进程变得更加紧迫,因为我们面临着一种政治需要,即寻求我们共同的价值观和理解让我们与众不同的政治现实。在此,珍妮特·沃尔芙(Janet Wolff)最近出版的书《不确定性美学》(*The Aesthetics of Uncertainty*)可视为一个重要的贡献。沃尔芙本人是一位女性主义哲学家和艺术专家,她承认女性主义对美的政治辩论所作的重要贡献,但仍为"回归美"[2]辩护。尽管她认为美的话语总是需要被社会定位和历史语境化——因此是不确定的——但她并不认为审美价值观与进步的政治价值观是相互排斥的。尽管她认为,任何规范的选择都需要通过"解释性共同体(communities of interpretation)语境中反思性协商"[3]从伦理角度来确定,但她表明,美不能简化为社会利益和政治压迫的争论,因为对美的理解和价值都不能完全被它们解释清楚。

如果沃尔芙将不确定性视为一种伦理性美德(ethical virtue),那么杰曼·格里尔(Germaine Greer)则将其视为一种审美性美德(aesthetic virtue),它是所有审美体验的内在品质,因为它们不可避免地存在于时间内。她写道:"记住四月某天的不确定性,对我们来说更美,因为它是如此的不确定。"[4]然而,当前的教育政治似乎没有为不确定性的美德(the virtues of uncertainty)保留多少空间。它的话语是劝诫且紧迫的,在这种话语中,

1　See, for example, Elaine Scarry, *On Beauty and Being Just*, London: Duckworth, (2001); Denis Donoghue, *Speaking of Beauty*, New Haven and London: Yale University Press, (2003); and, from a different perspective, Michael Bérubé (ed.), *The Aesthetics of Cultural Studies*, Oxford: Blackwell Publishing, (2005).

2　Janet Wolff, *The Aesthetics of Uncertainty*, New York: Columbia University Press, (2008), p.29.

3　Ibid., p.25.

4　Germaine Greer, op. cit., p.29.

管理主义的自信断言围绕着他们自己神圣的确定性之轴无休止地旋转,用语言表达出来,既不可爱,又持续不断。预先确定的目标、各种绩效指标、各种可测量的评价标准和可见的成就水平等词汇现在在教学词汇中根深蒂固,以至于支撑这些词汇的功利主义价值观被绝大多数教师忽视,也没有受到质疑。然而,有时候教育政策制定者及其追随者的言论会言过其实,他们隐喻的荒谬暴露了他们愿景核心的傲慢。此时,他们的确定性表现为空洞。

从围绕当前英国政府的核心教育政策之一即个性化学习的言论中可以找到一个例子。正如查尔斯·里德比特(Charles Leadbeater)的著作所提出的概念和倡导的那样,个性化旨在将学习者个体的差异化需求置于学校运作的核心[1]。许多学术论文批评其论点混乱且模棱两可[2];然而,这些都不是大卫·哈格里夫斯(David Hargreaves)写的,他是最有影响力的倡导者之一。哈格里夫斯为政府资助的专业学校和学院信托基金会工作,制作了一系列小册子,将个性化学习宣传为"一种新的教育想象",最终将学校从19世纪发展起来的结构转变为更适合21世纪的结构。在这些小册子中,他对学校重组的方式进行了理论化和精细化,以实现个性化学习的议程,其中的关键是他所谓的九道大门(gateways)和四个深度(deeps)。[3] 这九道大

1　Charles Leadbeater, *Personalisation through Participation*, London: Demos, (2003); and *The Shape of Things to Come: Personalised Learning through Collaboration*, London: DfES, (2005).

2　See, for example: R. J. Campbell, W. Robinson, J. Neelands, R. Hewston and L. Mazzoli, 'Personalised Learning: Ambiguities in Theory and Practice', *British Journal of Educational Studies*, vol.5, no.2, (2007), pp.135 - 154; David Hartley, 'Personalisation: The Emerging "Revised"Code of Education?' *Oxford Review of Education*, vol.33, no.5, (2007), pp.629 - 642; and A. Pollard and M. James (eds.), *Personalised Learning*, a Commentary by the Teaching and Learning Research Programme, London: Economic and Social Research Council, (2004).

3　David Hargreaves, *Personalising Learning: Next Steps in Working Laterally*, London: Specialists Schools Trust, (2004); and *Deep Leadership: A New Shape for Schooling?* London: Specialist Schools and Academies Trust, (2006).

门包括各种主题问题,例如学会学习、组织、新技术和学生的声音,每一道都可以被视为提高学习个性化的切入点。我们了解到,这些大门相互关联(或互动),可以分为四组或四个"深度"——深度学习、深度体验、深度支持与深度领导[1]。我们被告知,"每个集群(cluster)都压缩其组成的大门,从而形成重叠或交互的整体……如果这些大门不想成为相互隔离的简仓,这一点至关重要"。[2]

这种改善所有儿童教育供给的愿望是真诚且足够坚定的,但它的彻底重构和未来转型的愿景是如此令人振奋(buoyed),以至于它仍然对它所炮制的概念新词所上演的滑稽一无所知。哈格里夫斯的术语在不知不觉中向我们展示了对一个令人兴奋的、有远见的未来进行神话般、准宗教般追求的戏仿[3]。我们进入了一个奇妙的世界,在这个世界里,如果我们不警惕,大门可能变成简仓,数字在这里非常重要。这里有九道大门,就像太阳系里有(或曾经有)九大行星和《指环王》(Lord of the Rings)中有九名黑骑士一样;启示录有四幽默(four humours)、四元素、四骑士,现在有四个深度。如果将深度(deep)当名词使用怪怪的,那么将大门当隐喻使用就会变得令人费解,尤其是当我们被告知它们是交互式的时候。除非它们形成某种旋转门,否则大门之间如何相互作用? 在这种情况下,无论谁通过其中一道大门进入,都不知道它们是来还是去。就我而言,这不仅仅是轻率;正如诺沃特尼(Nowottny)告诉我们的那样,如果这个隐喻是有缺陷的,那么它背后的

---

[1]　David Hargreaves, op. cit., (2006), p. 6.

[2]　Ibid.

[3]　This tendency extends beyond Hargreaves. Note how the title of Leadbeater's 2005 paper——The Shape of Things to Come——consciously echoes the famous story by H. G. Wells and Alexander Corda's film of the same name. Once again there is irony, however, as the tale was fi ctional and its predictions wide of the mark.

思想也是有缺陷的 [1]。

　　像这样的新言语，旨在为教师理解和处理学校教育世界开辟新途径。问题是，它很容易对思维产生抑制作用，从而导致谈论教育的其他新方式少之又少。以 2006 年彼得·汉弗莱斯（Peter Humphries）的一篇题为《迈向个性化教育风景》（"Towards a Personalised Educational Landscape"）的论文为例，他是一个自名为"今日个性化教育"（"Personalised Education Now"）组织的主席。[2] 除了表现出对自己语言创造力的品位，创造了术语"edversity"（教育多样性），他还将个性化学习的隐喻视为一种追求，并将其转化为徒步旅行度假的隐喻。学生成为"个性化教育风景的旅行者"（"PEL travellers"），可以进行"打包或定制的学习之旅"，并开始"共建学习之旅的过程"；教师和导师成为"旅行社和导游"，并得到"智能 ICT 代理商"的支持；数字技术将"通过指导和实时学习来支持导航和指路"等等。这一结论通常不受轻率的托邦式想象的限制："PEL 将会积累社会学习资本，对世代产生深远的积极影响。它将促进社会凝聚力与包容性、积极的民主以及我们生活和社会的其他质量方面。"沃尔特·纳什（Walter Nash）讽刺性地评论了这种专业术语（professional jargonising）可以成为思想的替代品："你可以打乱单词，删除短语，让所有人钦佩，你不需要动一下脑子。"[3]

　　这种对语言和理论的新颖性的痴迷，反映了现代主义修辞的风格。由于其进步的议程，这种修辞长期以来吸引了那些把教育理论化的人的注意和精力；而且，正如我们将在下一章看到的那样，现代主义修辞公开反对美

1　Winifred Nowottny, *The Language Poets Use*, Oxford: Oxford University Press, (1962).

2　Peter Humphries, 'Towards a Personalised Educational Landscape', 2006, http://www. futurelab. org. uk /resources /publications _ reports _ articles /web _ articles /Web _ article479 (accessed March 2008).

3　Walter Nash, *Jargon: Its Uses and Abuses*, Oxford: Blackwell, (1993), p.6.

的观念。事实上，在个性化学习方面，有些激进的建议与现代主义的核心原则一致，即理性的力量，通过重新开始，让世界变得更加美好。学校应该建立网络，让学生能够在网络之间流动，从而在提供的更广泛的课程中进行选择；课堂的中心地位应该消失，取而代之的是更灵活的分组；导师、助教、艺术家、技术人员和各种儿童保育工作者组成一个成年人网络，负责在家庭、工作场所和学校提供教育项目，教师只是这个网络中的一员。尽管这些建议表面上看起来令人兴奋、公平、合理，但这种试图切断教育专业与其历史实践之间联系的做法仍然存在危险。罗伯特·休斯（Robert Hughes）在描写以艺术家为先驱的现代主义神话时，对它们做了令人钦佩的总结。如果我们用"教师"一词代替"艺术家"，那么它值得详细引用：

> 对先驱的崇拜，意味着你用现在与未来之间的一种预期的，因此也是一种想象的关系来代替过去与现在之间真实可感的关系。过去融入现在的过程，尽管看起来很慢，但至少对在世的艺术家有利：它给他或她一种可靠性（a solidity）与位置（a location），但先驱的作用被推至极限，把艺术家变成一种历史权宜之计，其作用不是帮助他或她成为艺术家（the labour of becoming），他或她被夹在死去的过去和未出生的未来之间的括号中，这个作用在上个世纪一直困扰着现代主义文化。[1]

尽管个性化学习具有一些诱人的情感吸引力，但它可以说是一系列教育改革项目中的最新项目，这些项目遵循理性、管理与技术模式，专注于系统变革与结构，以提高效率。在这些项目中，教师实际上是历史上的权宜之

1　Robert Hughes, *The Shock of the New*, London: BBC, (1980), p.366.

计,而不是具有自身历史的社会实践的继承者。他们自己的激情、兴趣、希望与梦想都无关紧要,他们的作用被简化为助理而不是自主的专业人员,其教育实践是一个严厉而有价值的苦差事的过程,是一种"生成性劳动"(the labour of becoming)。教师所需要的可靠性和位置感,只能通过"过去和现在之间的可感知关系",而不是"现在与未来之间的想象关系"来变得真实可感,因为正是在过去和现在的这种联系中,他们才能发现和完善自己的价值观,这些价值观植根于历史实践。[1] 和艺术家一样,教师继承的比他们发明的更多,并利用技术、系统和结构来为其服务,而不是决定他们的价值观。

本书的结构与目的

个性化(Personalisation)是一个新概念,只能被描述为一种模糊的愿望,而不是一种价值,其逻辑和经验基础可以质疑,正如坎贝尔(Campbell)等人所指出的,其结论仍然只是一组理论命题[2]。另一方面,美无疑是一种人类价值,对其概念史的历史研究将阐明这种情况是如何发生以及为什么会发生,它作为一种价值观(a value)的价值(worth),是如何在西方思想中蒙上阴影的(be clouded),以及它的重新发现能为今天的教育者带来些什么。在进行这项研究时,我打算避免那些我批评过的宣扬未来而非阐明现在的教育学家所具有的广泛而梦幻般的横扫(visionary sweep)。我并不认为回归美就能解决诸如学生不满、社会分裂或当前全球市场资本主义危机等紧迫问题。然而,我希望通过具体的例子表明,美确实以温柔而坚定的语

1　For an extensive discussion of values, tradition and social practices, see Alasdair McIntyre, *After Virtue: A Study in Moral Theory*, London: Duckworth, (1987), Chapter 15.

2　R. J. Campbell et al., op. cit., p.141.

气,谦虚地谈论着这些及其他重要问题,只要我们给予关注,就能从中学习。

因此,本书有两个重要前提:我们最好通过仔细观察历史来学习如何想象未来;美的概念可以指导教师以渐进的方式(in progressive ways)做些什么,同时避免那种扭曲而非解放他们想象力的修正主义热情。因此,本书的大部分知识之旅本质上是历史性的,其例子来自现实存在的而非想象的实践。第二章,我开始通过对柏拉图主义、康德启蒙运动与现代主义这三种思想传统的探究,探讨教育中存在的对美的理解和态度的困惑(confusion)如何得到启发。如果不再次关注那些强调体验而非技能积累的学习理论,就不可能认识到我们如何通过美来学习的本质。我在第三章中谈到这一点,其中还包括对教育中的机会和不确定性的思考,以及这与美的脆弱性(fragility)如何相关。第四章,我试图论证美的教育(an education in beauty)确实可以与善的教育(an education in goodness)相一致——在这里,我审慎地选择"善"(good)作为我的关键词,以补充更时尚的"伦理"(ethical)。这种论点将教育定义为一种内在的道德努力,而不仅仅是一种技术努力,并在整个课程中,在艺术科目之外,确立了美的相关性。这也促使我们考虑家常美德(homely virtues)的词汇,它与教学(pedagogy)相关,因为它们在当前的理论中是缺失的。第五章,我回到艺术,以便批判性地看待当前对创造力的关注并仔细研究三个例子——两个儿童工作的例子,一个教学例子,我认为美这一概念比当前的创造力这个词为评价提供了一个更令人满意的基础。第六章,我专门探讨了美是如何影响科学与数学的教与学。这不仅仅是有意识地试图平衡我个人对艺术的偏好,更是回应了一个令人惊讶的事实:科学家和数学家可能比同时代的艺术教师更自由、更不自觉地使用"美"一词。第七章,我总结性地思考了教师如何将美表达为一种价值观来支撑他们的日常实践。

沃尔芙关于特定的、解释性的共同体(communities)应该确定审美价值观的建议,需要在主流教育的框架内获得资格,因为在任何学校共同体中,向成员开放的选择比她所指的审美共同体要少。学生上哪所学校、由谁教、谁是同学以及 16 岁之前可以学习哪些科目的选择非常有限。同样,教师也不能在规定了大部分教学内容的课程中选择他们教学与管理的孩子。无论他们如何习惯性地(reflexively)协商权力问题,无论他们如何让孩子们参与课程协商,教师都有理由被赋予权威(authority),并有责任好好地使用它。这意味着,他们的工作不仅仅是就价值问题进行协商和审议,而且在某些重要方面,还致力于培养文化传承下来的被认为有价值的特定价值观。如果像我所建议的那样,美应该再次成为这样的价值观,这对教师来说是一个特别的挑战。例如,如果一所学校致力于倡导民主价值观,就必须由信仰它们的教师在课堂内外的实践中自觉地去推广,而不是简单地讨论并原则上达成一致。教师必须能够举出一些特定的例子,并说道:"这就是民主的样子,这就是它好的原因。"美也是如此——如果它在课堂上被视为一种价值观,那么仅仅讨论某些绘画或诗歌,并根据谨慎(sensitively)的选择标准来商讨它们的价值是不够的;教师必须推广(promote)和培育某些美的例子,并有效地对孩子们说(尽管比这微妙得多)"这就是美的样子,这就是它好的原因"。

然而,事实上,我们对美的任何理解都没有脱离历史与文化经验。我在书中提出的这些例子不可避免地受到我的成长经历、教育与专业生活的影响。我出生在一个白人、工人阶级、罗马天主教家庭,是一名异性恋男性;20世纪 60 年代,我在利物浦(Liverpool)长大;我在一所文法学校接受教育,在大学里学习法语。毫无疑问,我的这些个人历史经历,让我对某些特定种类的美产生了反应。作为一名学校教师,我职业生涯的大部分时间都在教授各种课程，并与 8 到 13 岁的儿童一起工作；作为一名教师教育者，我很幸运能够专注于自己的爱好、戏剧与戏剧教育。这些因素也解释了我选取这些例子来充实我的论点的理由。如果不诉诸具体实例，就无法提出论点。这里，我受到了克利福德·格尔茨(Clifford Geertz)的一句令人难忘的话的指导，那就是为了阐明美是如何作为教育发挥作用的，我们需要考虑它的背景基调(the tenor of its setting)，以便找到它的魔力来源[1]。

在香港举行的一次国际戏剧教育会议上，我首次公开表达了美应该再次成为教育关注的焦点这一观点[2]。我的许多英国、美国和澳大利亚同事的反应与我的大学同事反应没什么不同——既有困惑，也有礼貌性的冷漠，还有一些批判性的好奇。相比之下，总部位于菲律宾的青年戏剧组织(PETA)的主席后来找到我，热情地说，这个观点对与她一起工作的孩子们来说非常重要，因为通常只有美在激励他们，在给他们希望。正如我们所见，希望是审美体验的内在品质；希望、快乐和它所带来的幸福承诺。这个观点直接切中了她作为一名教育工作者的体验。我从中得到了极大的鼓舞，这种鼓舞仍然在滋养着我。

1　Clifford Geertz, 'Art as a Cultural System', in *Local Knowledge: Further Essays in Interpretive Anthropology*, New York: Basic Books, (1983), p. 120.

2　The speech was entitled Drama and Beauty: Inspiring the desire to learn and was delivered at the triennial world conference of the International Drama and Theatre Education Association in Hong Kong in July 2007.

第二章　美的含义简史

当我们称某物为"美"时，我们是在表达什么意思？这个词意味着什么价值的细微差别？克里斯平·萨特韦尔(Crispin Sartwell)通过研究六种不同语言和文化传统中"美"这个词的语义，探讨了这些问题[1]。例如，梵语术语 sundara，带有神圣的共鸣，它引导萨特韦尔进入各种冥想，从他在鲍勃·马利(Bob Marley)的音乐中感受的美到《卡玛经》(Kama Sutra)的灵性。希伯来语 yapha，他将其等同于发光和开花——花朵之美，宝石之美。另一方面，日本人的 wabi sabi 概念，具有谦卑和不完美的含义，使他反思了 suiseki 的特定文化艺术，或用石头创作微型风景，以及简单粗糙的蓝调(the blues)之美。萨特韦尔的这项研究在基调上是个人化的，在结构上是零散的，但它不仅仅是一个幻想的、准宗教的领域。如果像维特根斯坦(Wittgenstein)所提出的那样，语言给我们的世界划定了边界，那么萨特韦尔就阐述了一系列关于美的广泛的、启示性的、跨文化的概念，这些概念可以丰富我们关于美可能对他人和我们自己意味着什么的理解。

这样的研究项目对教育者来说意义重大，因为它提醒我们，对美的理解植根于文化；当全球化正将来自越来越多的文化与跨文化背景的孩子带入

1　Crispin Sartwell, *Six Names of Beauty*, New York: Routledge, (2004).

我们的课堂时，它可以帮助我们获得一些概念上的立足点。然而，在西方思想的动荡发展过程中，英语单词"美"（"beauty"）和"美的"（"beautiful"）本身既积累了也抛弃了一系列的含义。本章研究了其中一些更重要的内容。和萨特韦尔一样，我的目标是打开而不是关闭含义（meaning）的可能性，因为我相信，在我们能够真正连贯性地讨论美与教育的相关性之前，有必要理解（appreciation）其矛盾（ambivalent）和有时矛盾的共鸣（contradictory resonances）。在这项简短的研究中，这样做必然是有选择性的，并有过度简化的风险。因此，我将集中讨论思想与表达的三大传统——柏拉图主义（Platonism）、康德启蒙运动（the Kantian Enlightenment）与现代主义（Modernism）——因为这些比任何其他传统都更能解释我们为什么以今天的方式看待美。它们还将帮助我们重新发现与美相关的不同观点，从而明智地思考在当代世界中，美能为儿童的教育提供什么。

理想与期望：柏拉图与新柏拉图传统

古希腊人用 kalon 来形容美，这个词在广义的语境中表示美好的、令人愉悦的、优秀的与值得赞美的品质。它本来与我们今天所说的艺术——音乐、美术、诗歌、戏剧——无关，它可能适用于一个人的性格、思想或行为，而不是用于人类的手工艺品；勇敢的行为与哲学的论辩都可被描述为美的。从这个意义上说，正如保罗·克里斯特勒（Paul Kristeller）告诉我们那样，希腊关于美的概念"从未整齐地或一贯地与道德善（moral good）区分开来"[1]。

1　Paul Kristeller, 'Introduction: Classic Sources', in Steven M. Cahn and Aaron Meskin (eds.), *Aesthetics: A Comprehensive Anthology*, Oxford: Blackwell, (2008), p.4.

柏拉图本人对艺术也有一种非常矛盾的感情。他独特的哲学唯心主义(philosophical idealism)形式假定概念和理念(ideas)比它们任何可能的物理实现(physical realisation)都更基本——因此更加真实。任何一个人或任何一朵花,其美都是短暂易逝的,但其形式的理念却是持存的,因此更加真实。这导致他贬低戏剧和绘画等模仿艺术,如果一个物体例如一朵花,它本身是花的理念的不完美影子,那么任何对这朵花的表征(representation),实际上都是模仿的模仿、影子的影子。因此,对柏拉图来说,美更可能在自然界找到,而不是在艺术中找到;在人类行为的现实世界中找到,而不是在它的模仿中找到。但它的完美形式只能在理念中找到,而表达这些理念的最纯粹形式是数学。

这方面,柏拉图深受毕达哥拉斯(Pythagoras)教义的影响。当然,我们记得毕达哥拉斯的勾股定律,但他的哲学远不止勾股定律。对他来说,天地万物(the universe)(或"宇宙"'cosmos')有一个基本的、简单的数学秩序,一个美的、基于比例的、和谐平衡的秩序。现实世界中一个事物越符合这种秩序——例如和谐的音乐——我们会认为它更美;如果美是自然的关键,那么我们也是自然的一部分,我们的灵魂会对它的规则作出反应。这种美的理念的伟大遗产之一是古典建筑,美的理念在帕特农神庙(the Parthenon)得到了最完美的体现。这里的建筑比例是基于严格的数学考虑,旨在给眼睛带来最大的愉悦。例如,寺庙的垂直线与水平线,柱子间距与高度皆为9∶4的比例。它的立面突显出一系列复杂的矩形对称,平面也彰显了支配建筑设计的平衡、比例与对称上的和谐。

作为对数学概念的物理持久实现,柏拉图将建筑之美视为人类最高成就之一。正如他在《斐莱布篇》(*Philebus*)中写道:

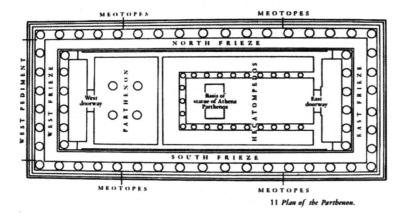

图2.1　帕特农神庙的平面图

图片来自 http://www.greeklandscapes. com/greece/acropolis/parthen-picture.html

　　我在这里所理解的美……并不是普通人通常所理解的,例如,生物的美及其表现。相反,它有时是直线的……圆形的,实体的表面由圆规、弦、三角板组成。因为这些形式不像其他形式,在某些条件下才美;它们本身一直很美。[1]

　　柏拉图在他的伟大导师苏格拉底(Socrates)的辩证论证中看到了数学之美——它的逻辑、模式与证明——这些论证是为了模仿几何的演绎推理而形成的:"因为几何将引导灵魂走向真理,创造哲学的精神。"难怪,他创建的雅典学院门口写着:"不懂几何者莫入。"[2]

---

[1] Cited in J. J O'Connor and E. F Robertson, *Plato, School of Mathematics and Statistics*, University of St Andrews, Scotland, 2003, www-gap. dcs. stand. ac. uk (accessed March 2008).

[2] Quoted in 'The Golden Section of Greek Art', http://milan. milanovic. org /math (accessed 24 April 2008).

尽管柏拉图的唯心主义与逻辑和秩序密切相关,但它在任何意义上都不意味着美的概念在其意图上是禁欲的或冷漠地远离人类的激情。事实上,在《斐德罗篇》(Phaedrus),尤其是《会饮篇》(the Symposium)中,他将美的体验与厄洛斯(Eros)的精神——激情、欲望与人类爱的情色力量紧密联系起来。正如亚历山大·尼哈马斯(Alexander Nehamas)解释道:"柏拉图和古人并不害怕激情的危险语言,因为他们认为美,甚至是卑微物体之美,都可以逐渐激发人们对真与善的渴望。"[1]《会饮篇》部分,爱、美与美德之间的亲密关系,是以苏格拉底与一位名叫迪奥蒂玛(Diotima)的女性的对话形式来解释的[2]。她认为,爱始于对他人身体美的认识,随之而来的是对拥有他人身体的渴望。然而,由美点燃的爱并不会因为身体占有的行为而熄灭,因为我们很自然地想了解点燃我们欲望的美的本质。在柏拉图哲学中,任何美的身体都是美的,因为它符合美的理念形式;因此,迪奥蒂玛解释道,恋人们试图理解自己的激情时,开始认识到他们的爱人与其他美人所共有的特征。对柏拉图而言,这些美与身体作为建筑比例衡量标准的理念相称;从本质上讲,它们是性格(或灵魂)美,源自他们的爱人所体现的美德,而不仅仅是形式的表面特征。从这个意义上说,坠入爱河是追求知识的开始。如果这对恋人遵循这种追求达到合乎逻辑的目的,他们将历经一系列的层级,每一个都高于前一个;从试图理解使他们爱人美丽的灵魂品质,到渴望了解塑造这种美的文化习俗(cultural institutions),再到再次向上发现形成这些习俗所需的知识。所以,对美的热爱,虽然建立在身体的情爱中,但对

1　Alexander Nehamas, *Only a Promise of Happiness: Beauty in a World of Art*, Princeton, NJ: Princeton University Press, (2007), p.2.

2　From Plato's *Symposium*, translated by Alexander Nehamas and Paul Woodruff, Indianapolis, IN/Cambridge: Hackett publishing, (1989), pp.45-60. This section also appears in Cahn and Meskin, op. cit., pp.34-40.

于有思想的人而言,将通向更高的哲学世界,因为"恋人转向了美的海洋,凝视这片大海,他在对智慧的无限热爱中产生了许多美丽辉煌的思想和理论"[1]。非常重要的是,正如尼哈马斯所坚持的那样,这些更高的理解绝不是超验的、脱离身体的体验;因为

> 虽然这些"更高级"的美是抽象的,似乎是客观的,但它们从未停止激发行动与渴望。最抽象与最理性的美激起想要拥有它的冲动,正如最感性的美激起想要更好地了解它的激情。[2]

通过这种方式,柏拉图将人类对美的反应定义为一个动力性(dynamic)、具身性的(embodied)过程,一个将情感与认知、欲望与理解、学问与幸福和成就感相结合的过程。

柏拉图关于美的思想建立在基督教时代 3 世纪普罗提诺(Plotinus)的基础上。普罗提诺提出了道德美优于其任何纯粹的身体表现(physical manifestations)的说法。根据他的说法,我们每个人都拥有一个曾经与神相统一的灵魂。我们的灵魂在我们身体中获得物质形式时,经历了一种断裂与失落的感觉。如果我对我的欲望感到困惑,对我的渴望感到迷茫,用他的话来说,那是因为我的灵魂,"被它的锁链向各个方向拽向它用感官感知到的任何东西"[3]。然而,在美中,灵魂有机会认识到它与神性的亲缘性。这种认识可以由实物来刺激——我们可能会想起在乔治·艾略特(George

---

1 From Plato's Symposium, translated by Alexander Nehamas and Paul Woodruff, Indianapolis, IN /Cambridge: Hackett publishing, (1989), pp.45 - 60. This section also appears in Cahn and Meskin, op. cit., p.39.

2 Alexander Nehamas, op. cit., p.7.

3 Plotinus, Ennead 1, vi, translated by John Dillon and Lloyd P. Gerson and included in Cahn and Meskin, op. cit., pp.57 - 63. This quote is taken from p.60

Eliot)的小说《米德尔马契》(*Middlemarch*)中多萝西娅·布鲁克(Dorothea Brook)凝视她母亲的珠宝时的反应:"这些宝石多漂亮啊!"她惊呼道,"它们看起来像天堂的碎片。"[1]——但是普罗提诺,像柏拉图一样,认为审美品质(aesthetic qualities)本质上是道德的与动力性的。正如约翰·阿姆斯特朗(John Armstrong)解释的那样,"一个实体对象之美(对普罗提诺而言)体现了纯洁、完美、和谐与秩序。这些正是灵魂努力要达到的品质。所以在这个美的对象中,我们看到了我们应该是什么"[2]。我们所爱的是这些对象的内在品质,而不是对象本身,这些品质在美的行为、美的性格或美的心灵中实现得更充分……比任何物体都更美。[3] 这是审美体验背后的道德力量,这就解释了为什么它的刺激能同时让我们既振奋又悲伤;我们从中认识到的东西与我们最深处的渴望联系在一起,这些渴望已经被日常生活的压力所掩盖变得模糊,这是一个艰难的事实(painful fact),即美可以通过点燃我们的情感来照亮我们思想。

普罗提诺的思想对中世纪基督教哲学的发展产生了深远的影响,并一直延续到文艺复兴时期。例如,15 世纪佛罗伦萨的皮科·德拉·米兰多拉(Pico della Mirandola)和菲西诺(Ficino)的作品,大量借鉴了新柏拉图主义传统,并影响了伊拉斯谟(Erasmus)和托马斯·莫尔(Thomas More)等作家,以及波提切利(Botticelli)和提香(Titian)等画家。例如,提香的被误命名的《神圣的爱与世俗的爱》(*Sacred and Profane Love*),它本身是一幅美丽的画,可以被解释为普罗提诺思想的视觉寓言(visual allegory)。它描绘了两个美丽的年轻女子坐在一座大理石喷泉上,一个整身穿着华丽的白色

1　George Eliot, *Middlemarch*, London: Penguin Classics, (1994), p. 13.

2　John Armstrong, *The Secret Power of Beauty*, London: Penguin, (2005), p. 72

3　Ibid., p. 72

连衣裙,另一个半裸着。两个女人都代表着美。左边穿着衣服(因此更有节制)的形象象征着人间之美,右边裸体(因此更加狂热)的形象,手持点燃的火焰,象征着天堂之美。她俩所坐着的喷泉是爱的喷泉,这一点可以从爱神丘比特(Cupid)的中心位置看出来,他轻轻地搅动着她俩之间的水。喷泉本身的装饰描绘着人类能做到的更凶残的行为——例如,一个人野蛮地殴打着另一个人——这表明从对人类之美的热爱到对神圣的热爱的进步并不能消除人类的激情,而是净化了它们。这个寓言在田园背景下被重新赋予了天堂之美的权利。在那里,一个平和的牧羊人(象征着好牧人耶稣基督)将一群猎人与一对恋人分成两边,这象征着把一边的兽性激情转化为另一边更纯粹的激情。[1]

图 2.2 《神圣的爱与世俗的爱》(约 1514 年),提香。经 Fotografi co Soprintendenza per il Patrimonio Storico, Artistico ed Etnoanthropologico e per il Polo Museale della cittàdi Roma 许可印刷。

这种新柏拉图主义的对美与爱的认同,对终极美与神圣爱的认同,即使在今天也可能引起基督徒的共鸣,但它与当代世俗情感并不那么一致。在

1　This analysis is greatly influenced by Chapter 9 of Edgar Wind's *Pagan Mysteries in the Renaissance*, London: Faber and Faber, (1968).

大卫·林奇(David Lynch)导演的《蓝丝绒》(David *Lynch's Blue Velvet*)中有一个场景,一名歌女在夜总会演唱这首歌,这首歌就是这部电影名字的来源。我们在观众席上看到一个叫弗兰克(Frank)的男人(丹尼斯·霍珀(Dennis Hopper)精彩而恐怖的表演),我们已经怀疑他是个精神病患者。当镜头靠近他时,我们注意到他被歌声感动得流泪,手里紧握着一块蓝丝绒,像孩子一样听着,嘴里跟着歌词。早些时候,我们目睹了他对这个女人实施了怪异可怕的性虐待,随着电影叙事情节的发展,他的行为非但没有减少,反而变得越来越暴力,越来越可怕。弗兰克对这个女人的美貌和歌声所感受到任何认可的兴奋都有一个后萨德主义(post-Sadean)、后弗洛伊德主义(post-Freudian)的中心,我们很容易认识到,美既可能扰乱也可能救赎。

尽管普罗提诺显然与现代性问题相去甚远,但我们仍然可以从他那里学到很多。毕竟,弗兰克的行为是为了扰乱我们,故意被描绘成惊悚骇人的样子。这不是我们想要的世界,普罗提诺认识到像弗兰克这样角色的存在,并将他们对美的畸形反应判断为一个发展中被逮捕的灵魂,"被拽向外部,堕入黑暗"[1]。如果这看起来相当道德化,那么这次与现实生活截然不同的例子说明了,我们用普罗提诺来阐明教学志业(vocation)的深刻意义。

2008 年初英国播出了 BBC 系列节目《唱诗班:男孩不唱歌》(*The Choir*: *Boys Don't Sing*),在该节目中伦敦爱乐乐团(the London Philharmonic Orchestra)的年轻指挥加雷斯·马龙(Gareth Malone),在莱斯特(Leicester)一所条件艰苦的男生综合学校教了两个学期唱歌。这所学校有着浓厚的体育传统,但根本没有唱歌传统。他的目标是将一种合唱文化引入该校,当务之急是组建一个合唱团,去参加当年晚些时候的全国学校合唱

1　Plotinus, in Cahn and Meskin, op. cit., p.60.

音乐节表演。这个系列节目跟随马龙(Malone)走过了他所经历的成功与挫折，专注于每个男孩的努力，以及他自己的毅力、专业知识、勤奋、顽强和对自己与男孩的坚定信念。该节目在皇家阿艾尔伯特音乐厅(Royal Albert Hall)里，在本·E·金(Ben E. King)的歌曲《伴我同行》(*Stand by Me*)的令人振奋与感动的演唱声中，落下帷幕(culminated)。这四集节目中，男孩们最感人的故事之一是围绕着 13 岁的伊姆兰(Imran)展开的，马龙发现伊姆兰和他的朋友们在操场上说唱(rapping)，并立刻察觉出他的歌声是学校里最有天赋的。马龙说服伊姆兰加入唱诗班的努力让他很受挫。伊姆兰的态度很粗暴，行为具有挑衅性，出勤也不稳定(attendance unreliable)。但马龙并没有放弃。《伴我同行》是专门为伊姆兰和他的团队安排的，作为这首歌曲不可或缺的组成部分，他们将表演肖恩·金斯顿(Sean Kingston)的《美丽女孩》(*Beautiful Girl*)合唱的独唱版。在那次活动中，他唱得很棒，随后，他的母亲潜然泪下，他告诉母亲，为了她他做到了！显然，他为自己的表现而自豪，为克服自己的"愚蠢"(他的话)而开心，他称赞马龙一直都信任他。

不管这在字面上(on paper)听起来多么像乌比·戈德堡(Whoopi Goldberg)主演的二流好莱坞电影的伤感情节，我知道我不是唯一一个对伊姆兰及其与马龙如湍流般(turbulent)关系的故事感到兴奋与感动的教育工作者。为什么会这样？普罗提诺为我们提供了一个解释。从他的理论来看，伊姆兰可以被视为一个坚强的年轻人，他抗拒成为美好事物一部分的机会，但同时又很想融入其中。各种身份压力可能阻碍了他加入唱诗班——单亲家庭的长子；白人为主的学校中的黑人；认为唱诗班与他偏好的流行文化习俗格格不入；处在学校文化边缘而非中心的自我身份认同。然而，这些都没有让他快乐，但最终战胜了这些矛盾的情绪，他为成为美好事物一部分而感到兴奋,并认识到这对他自己来说非常有价值。正如尼哈马斯提醒我们的那样,柏拉图主义传统认为美是幸福的承诺,这是伊姆兰至少在表演时和表演后立即实现的。这不是一个道德主义的愿景(moralistic vision),只是一个与有多少忠诚的教师对他们所负责的孩子们的挑战做出反应相一致的观点;从根本上说,那里有善良(goodness)——无论是天赋、智力还是其他一些人类品质——善良是他们拒绝放弃的。看到和听到伊姆兰在皇家阿尔伯特音乐厅唱歌,我内心深处激起了一种悲喜交加感(painful pleasure),正如普罗提诺所说美能激发这种情感,原因和他说的几乎一样。这让我感到诧异,在过去的班主任生活中,我有多少次放弃了孩子;如果我坚持支持他们,像马龙一样相信他们,我可能会为他们做一些真正的服务。然后,我安慰自己,想起我曾经给富有挑战性的年轻人在表演中大放异彩的机会。最重要的是,它强化了我对艺术改造力量的信念。可以说,我的专业灵魂渴望与它最深层的价值观,与我最想成为的教师重新统一起来,同时感受到兴奋和失去承认(the loss of recognition),一种以美为核心的承认。这是美与善重新统一的道德力量,是柏拉图思想核心的孪生价值观(twin values)。

柏拉图主义传统在后面的章节中塑造了很多思想,这有几个原因。在这里,美中学(Learning through beauty)与快乐、希望和成就感(fulfilment)联系在一起,激励我们基于我们最深处的渴望寻求理解。它建立在一种思想传统的基础上,这种思想传统明确地认为美不局限于艺术,而是将其视为在人的行为、人的品格、自然世界、思想、哲学与科学的基本原理中明显存在。换言之,美可以帮助我们在教育政策中,在课程科目中,在我们想要生活的社会和我们希望我们的孩子长成什么样的人方面,思考广泛的教育问题的内在价值观。它基于和谐、平衡与比例的理解(notion)在概念上很狭隘,但可以被视为具有道德和智力的分量。它还可以将诸如数学之类的科目(subject)界定为天生令人愉悦的,而不是一种严加管教令人备受煎熬的制度(system),这种制度仍是当今一些课堂的教学特征。对于柏拉图和普罗提诺来说,我们爱美是我们欣赏或向往的品质的表达——换言之,它不取决于外表,而是取决于外表如何反映性格的内在美德。这就是尼哈马斯将美描述为"总是表现于外,却永不局限于外"[1]。尽管如此,其含义(implications)是复杂的,可能会导致我们谴责那些我们认为身体丑陋的人在道德上也是邪恶的。西方历史上有太多关于这种倾向的例子为我们所摒弃(for us to dismiss it),从迫害女巫到纳粹宣传中妖魔化犹太人。现在,我们可以思考尼哈马斯的描述所提供的概念性策略空间。如果我们可以通过学习以不同的方式看待一个人的美——不是通过说教,而是通过认识到他们内心美的潜能——通过他们所思、所行、所言、所写、所造或所演,那会怎么样呢? 在柏拉图主义传统中,这种认识不仅是可能的,而且是审美体验的必要条件。

美学的发明与康德的判断力批判

18 世纪的启蒙运动通过一致的智力努力,将人类知识的所有形式进行系统化与分类,在西方思想史上掀起了一场重大革命。正是这时,科学与艺术被概念化为不同的认识论,前者依赖于逻辑思维、事实与证据的系统;后者本质上是感性的,建立在愉快而非逻辑之上,主要围绕美的属性。用于描述这类知识的术语"美学"(Aesthetics),最早由德国哲学家鲍姆嘉登(Baumgarten)使用,但正是伊曼努尔·康德(Immanuel Kant)在他《判断力

1　Alexander Nehamas, op. cit., p. 24.

批判》(*Critique of Judgment*)中提出了最连贯、最具影响力的美学知识理论和愉快(the pleasure)作为审美体验核心的本质论。

康德提出，理解美的关键，不是通过观察美的对象，而是通过分析我们对美的对象的反应。他认为，对美的体验取决于一系列必要的、相互关联的条件或"契机"(moments)，所有这些都发生在人的脑海中。首先，这是他所称的，我们的理解力(capacity for understanding)与想象力之间"相互协调的自由游戏"的结果。如果我们的理解与我们组织世界、赋予世界意义的能力有关，那么我们的想象力就是物质世界与我们人类意识之间的认知联系，因为想象力是"为接受概念准备感觉的材料"[1]。但是，当想象力与我们的理解力自由游戏时，想象的过程就会以一种愉快的方式被吸引(arrested)被延长(prolonged)，而没有达到任何概念上的一般化(generalisation)。

让我们以雅克-路易斯·大卫(Jacques-Louis David)的《雷卡米耶夫人肖像》(*Portrait of Mme Recamier*)为例。这幅画绘制于 1800 年，并在卢浮宫展出。主题是一位美丽的年轻女子，穿着一件当时流行的古典风格白色宽松长袍。她坐在躺椅上，双腿伸展，右臂优雅地放在大腿上，从右肩上方凝视着观众。她光着脚。根据康德的说法，如果我觉得这幅油画很美，那么思考她时，我并没有试图从任何意义上把她归类——比如，她的发型或穿着是拿破仑时尚早期的典型例子。吸引我注意力的是她的特殊性——也许是她脸上光影的特殊表现，或者她优雅的身材与裙子的亮度是如何被浓郁绿色与棕色纹理的背景衬托出来的。我很可能会被那种来自画布坚定地凝视着的眼神所打动，从中看到了一种带着一丝脆弱的敏锐智慧。康德将这种对美的观赏描述为"无利害的"(disinterested)，因为它不满足我的其他需

1　John Armstrong, *The Intimate Philosophy of Art*, Harmondsworth: Penguin, (2000), p.144.

求或欲望；所以，例如，如果我喜欢这幅画，是因为我觉得这个女人很有性吸引力，这将是一种愉快的体验，而不是一种审美的体验。同样地，如果我喜欢它，是因为我赞赏朱丽叶·雷卡米耶是一位活泼而美丽的女人，她足够坚强，能抵抗拿破仑的多情追求，那么这将是一种伦理或政治而非审美的反应。从这个意义上说，审美体验是"无目的合目的性"（purposive without a purpose），康德的意思是我看重它是因为它本身，而不是因为任何其他原因——既不是优雅时尚的例证，也不是为了提醒人们美是如何反抗暴政的，而纯粹是为了它的美本身。最后，康德提出，任何审美体验，实际上都是一种判断形式，我相信是正确的，尽管我知道我永远无法证明这一点，因为品位的问题不受几何定理或其他形式的科学知识的相同逻辑原则约束。这幅画的美，我可以随心所欲地与你争论，但我能说服你同意我的观点的唯一方法就是让你觉得它和我觉得它一样美。尽管如此，我仍觉得我这样做是对的。

图 2.3　雅克·路易斯·大卫的《雷卡米耶夫人肖像》（1800 年），由巴黎卢浮宫博物馆提供。

因此,美学启蒙理论许多重要的方面在康德的美学理论那达到了顶峰,通过引入柏拉图和普罗提诺思想中都没有的一些区分,标志着与新柏拉图传统的彻底决裂。首先,康德把美从人类欲望中区分中出来,言外之意,艺术审美体验与自然体验有着本质的区别。后者被降级为仅仅是"令人愉快的",因为它与我们喜欢和享受的常见事物有关,例如阳光、美食、舒适的床、苹果花的味道。康德写道:"满足我们欲望的称之为令人愉快的,而美的仅仅是我们所喜欢的"[1]。因此,他把我们欲望满足的快感与纯粹审美观赏的(contemplative)愉快做了两极区分。这种区分引发了一种文化变化,导致了"真正的"美的观念越来越远离日常生活,因此也越来越远离普通人的关注。对于 19 世纪中叶的叔本华(Schopenhauer)来说,美的主要目的是帮助我们逃离世俗欲望的世界,这些欲望使我们痛苦,因为它们释放出永远无法真正满足的激情。在对美的观赏中,即使只是短暂的瞬间,我们也可以获得"纯粹知识的幸福和心灵的平静,摆脱一切意志,因此摆脱所有的个性和由此产生的痛苦"[2]。在将审美体验定义为冷静和反思的,与世俗和身体的欲望对立的过程中,康德及其追随者也在高雅艺术和流行艺术之间进行了等级区分。后者是为了在短期内分散我们的注意力与娱乐;"重点是当下的娱乐,而不是任何未来引用或冥想的材料。"与美的艺术作品不同,它们不是自己的目的;对于"审美艺术",快乐不应该仅仅来自享受,而应该"必须是一种反思的乐趣"[3]。柏拉图与康德之间另一个同样重要的区别是,后者将道德善的概念从任何真正的审美判断中去除了。康德说,如果事物在道德上是

1　Immanuel Kant, *Critique of Judgment*, originally published in 1790. This translation is by Werner S. Pluhar, Indianapolis, IN /Cambridge: Hackett Publishing, (1987), p.52.

2　Arthur Schopenhauer, *The World as Will and Representation*, translated by R. B. Haldane and J. Kemp in 1883. This quote is taken from Cahn and Meskin, op. cit., p.207.

3　Kant, op. cit., p.173.

有价值的,那么它们就有一个有用的目的,因此在一个不同于审美观赏和反思的领域中运作。美并不存在于任何外在的目的感中,也不作为对象本身的特征;相反,它是一种位于人类内心的判断,表达了一种特殊的愉快体验,仅此而已。尼哈马斯巧妙地总结了康德的立场:"审美愉悦是我们对事物的一种愉快体验,就像它们站在我们面前的事物一样,而不考虑它们对我们感官、实践或道德问题的影响。"[1]

唯美主义与康德思想的遗产

艺术美本身就是目的,可以脱离道德与政治关注,这一观点为19世纪的美学运动提供了哲学基础,其格言"为艺术而艺术"至今仍在流传。这场运动起源于法国诗人西奥菲勒·戈蒂埃(Théophile Gautier)和查尔斯·波德莱尔(Charles Baudelaire),它不仅接受而且赞美了康德将美与仅仅是令人愉快的事物割裂开来,尤其是把审美与道德问题割裂开来,这种割裂体现在康德对无利害性(disinterestedness)的定义中。波德莱尔把对快乐与感觉(sensation)的追求变成了个人宗教,这正是他生活与诗歌的主题,他故意在以前只看得见邪恶与丑陋的地方,在保证会激怒他那个时代的资产阶级情绪的体验中寻找美,但在他的《赞美诗》中,他用一种厌世颓废的语言来庆祝美,讽刺地利用了新柏拉图主义的概念,即美的最高形式与上帝的善良相一致。对波德莱尔来说,它很容易成为魔鬼的盟友,如果这样,那真的无关紧要:

---

1 Alexander Nehamas, op. cit., p.4.

啊美！你这怪物，巨大、纯朴、骇人！

······

这有何妨，你来自上帝或撒旦？

天使或海妖？——目光温柔的仙女，

你是节奏、香气、光明，至尊女皇！——

只要减少世界的丑恶、光阴的重负！[1]

以这种方式想象的美是一种麻醉剂，刺激着我们任何一种或所有的感官，只会让世界变得可以忍受——不那么可怕，不那么无聊——既不会给我们生活带来希望，也不会给我们生活带来幸福。对许多年轻艺术家来说，波德莱尔被视为美学事业的殉道者，表现了"探查罪恶的神圣勇气"[2]。然而，尽管这是对资产阶级道德准则的颠覆，但他发起的运动，本质上往往既不是政治的，也不是道德的，而是以个人满足为中心，为了个人快乐而探索感觉。对人类事物普遍的深度悲观情绪，加剧了这一点，这种悲观情绪是贵族对那些献身于道德、政治或经济目的的人的鄙视。

牛津大学教授沃尔特·佩特（Walter Pater）是 19 世纪末英国兴起的美学运动的元老，他把奥斯卡·王尔德（Oscar Wilde）算作自己的学生之一。佩特的著作《文艺复兴：艺术与诗歌研究》[3]，写的是个人作品与艺术家个人，但在他们所创造的美中看不到任何道德目的。同时代的约翰·拉斯金（John Ruskin），竭力主张维多利亚时代当局将过去的艺术当作改善当今社

1　From Charles Baudelaire, *Les Fleurs du Mal et autres poèmes*, Paris: Garnier Flammarion, (1964), p.52.

2　William Gaunt, *The Aesthetic Adventure*, London: Jonathan Cape, (1975), p.14.

3　Walter Pater, *The Renaissance: Studies in Art and Poetry*, Oxford: Oxford University Press, (1986). First published in 1877.

会的激励因素,而与此同时,佩特纯粹从文艺复兴艺术能为那些知道如何观赏(contemplate)和敏感地解读自己印象(impressions)的人所提供的个人乐趣的角度来审视文艺复兴艺术。正如他所定义的那样,美的乐趣关键在于从中获得尽可能多的脉动,"永远用这个坚硬的、宝石般的火焰来燃烧。"[1]这就是颓废的本质与典范,根据威廉·冈特(William Gaunt)的说法,这是由于佩特后来对高级教会仪式不可知论的迷恋。据报道,他说,"无论说啥都不重要,只要说得漂亮。"[2]这样的俏皮话是典型的花花公子——既风趣又带有贵族式的鄙视,奥斯卡·王尔德仍然是最有名的例子。但正是佩特首先为我们提供了那些献身于对美崇拜的人的文化刻板印象。在他自己的时代,他因一幅讽刺漫画而出名,该漫画突显了他特有的懒散举止、冷漠态度和对世俗事务的超然态度。[3] 这样一幅讽刺性的肖像画可能是BBC喜剧系列《死亡之铃》(Dead Ringers)中所描绘的当代英国艺术评论家布瑞恩·休厄尔(Brian Sewell)的肖像,这绝非巧合。

从康德到佩特,我们可以追溯到一种普遍的观点,即对美的反应只涉及我们观赏的赞美行为。它并没有激励我们去行动——恰恰相反——它将我们从我们的生活世界中带走,而不是让我们更亲近这个世界:

> 他(佩特)从未像拉斯金那样建议,对美感兴趣的人必须关心自己,关心铁路火车、工厂烟囱和廉价的住宿等丑陋的现实。相反,他从不提及这些东西,导致它们消失了。生活中的任何粗俗行为都不能扰乱"完

---

1 Cited in William Gaunt, op. cit. , p.56.

2 Ibid. , p.56.

3 This is Pater as portrayed in the character of Mr Rose in W. H. Mallock's The New Republic, published in 1877.

整完美体验"的观赏状态。[1]

　　那些在美的事物中找到美的意义的人是有修养的。对这些人来说，还有希望。

　　他们是被选中的人，对他们来说，美的事物只意味着美。[2]

因此，奥斯卡·王尔德在《多里安·格雷的画像》(*The Picture of Dorian Gray*)的序言中总结了美学运动所培养的独特优越感[3]。它可以被视为康德无利害性信条的顶峰，是一种极端的逻辑结论，导致了美的问题跟个人、社会和文化生活的其他紧要问题之间的隔阂。

美会永远是无利害的么？　康德理论存在的问题

　　是否有可能像康德所建议的那样，以及美学运动试图例证的那样，将美学判断与道德和政治问题隔离开来？约翰·阿姆斯特朗相信是可以的。他指出了位于柏林东部的卡尔·马克思大道(Karl Marx Allee)，为颂扬斯大林(Stalin)而建，主要用于容纳庞大的军事游行。他认为，如果我们只关注激发其设计的令人反感的意识形态，我们就会对这条街真正的美学品质、它的比例和风格以及我们可以在其身上和为其自身而享受的优点视而不见，因为它们超越了它们压迫性的政治起源。[4] 他认为，在这个意义上，康德有

1　William Gaunt, op. cit., p. 61.

2　Oscar Wilde, *The Picture of Dorian Gray*, Harmondsworth: Penguin, (1979), p. 5.

3　Wilde, of course, was a complex character, a socialist as well as a dandy, and Dorian Gray is hardly an amoral book in the manner of Huysman's A Rebours, the classic novel of Aestheticism.

4　John Armstrong, op. cit., (2005), pp. 59 – 61.

助于澄清一种常见的混淆；人们有时会说，当他们所指的丑陋本质上是道德的而非审美的时，他们会发现一些丑陋的东西。

也许我们可以像阿姆斯特朗建议那样，享受卡尔·马克思大道上的漫步，但很难把同样的原则推广到莱尼·里芬斯塔尔（Leni Riefenstahl）的电影《意志的胜利》(*Triumph of the Will*)中去，就像希特勒（Hitler）和1934年纽伦堡集会(the Nuremberg Rally)一样庆祝。歌手布莱恩·费里（Bryan Ferry）认为他可以，并在接受一家德国杂志采访时公开称赞了这部电影："公众的莱妮·里芬斯塔尔的电影……群众游行和旗帜，太棒了！真的很漂亮。"他的言论引起的公众的愤怒使得他迅速道歉，他在道歉中声称这些言论"完全是从艺术史角度"[1]来说的。这完全是一种康德立场，正如玛丽·德弗罗（Mary Devereux）所指出，这部电影有一个核心道德愿景，可以认为是美的——一位仁慈领袖一个统一共同体和一种民族使命感的吸引力，——这些主题巧妙地与微笑、欢快的孩子以及年轻男女的美貌形象交织在一起[2]。1934年的德国，从国辱与破产中恢复过来，这种吸引力可能在道德与美学上都无法抗拒。然而，了解我们今天对纳粹主义的看法，我们任何人都很难忽视这些形象中固有的种族主义，也很难不对纳粹服饰的展示感到排斥。形式之美更有可能扰乱而不是提升我们，在这种情况下，我们在反应中试图将道德与审美分开似乎在道德上是错误的。作为一部我们非常熟悉的历史叙事纪录片，从政治背景中抽象出形式之美要比我们对建筑或街道设计作出反应时困难得多。德弗罗的结论是，存在着某些类型艺术——特别是政治与宗教艺术——其美学和道德价值的领域将不可避免地重叠。也许

1　Reported in *The Daily Telegraph*, 14 May 2007, p.7.

2　Mary Devereux, 'Beauty and Evil: The Case of Leni Riefenstahl's Triumph of the Will', in J. Levinson (ed.), *Aesthetics and Ethics: Essays at the Intersection*, Cambridge: Cambridge University Press, (1998), pp.205 – 223.

更正确的是,她可能考虑到这种特定艺术形式是多么具有代表性或公开指涉性,它的形象是多么紧密地反映了一种在历史和文化上与我们息息相关的已知现实。

然而,即便如此,也很难想象我们如何将美本身视为价值中立的,与其他问题无关。阿尔佩森(Alperson)与卡罗尔(Carroll)从音乐角度分析了这个问题。他们认为,纵观整个历史与文化,如果有的话,人们也很少把音乐当作"单独的音乐"('music alone')来体验:

> 进行曲、赞美诗、挽歌、情歌、工作歌曲、工会歌曲、社交舞蹈、礼拜仪式、国歌、电影音乐、节目音乐和广告都与认知内容相一致,它们修饰和润滑了这些认知内容的社会和心理效果。[1]

戏剧、舞蹈、诗歌、文学和艺术都与音乐一样具有联结道德、宗教、政治和其他文化情感的能力。大多数情况下,对美的接受,就像音乐一样,很少是单独的美。

同样,"无利害性"这个概念,对当代的教育学、社会学和文化研究领域的理论家而言,给美作为一种文化价值造成了破坏。这些理论家关注社会正义的问题,我们在前一章提到过。尽管康德将审美体验描述为无利害性,但他们认为,当这一概念催生的审美精英仅仅反映了社会阶级通过教育与教化而延续的等级制度时,其社会结果就远非无利害性了。简而言之,美学批评家和理论家从来都不是无利害性的,从来都不是意识形态中立的;那些说他们是的人,暗中在为高雅文化和主流意识形态服务。这在很大程度上

1　Philip Alperson and Noel Carroll, 'Music, Mind and Morality: Arousing the Body Politic', *Journal of Aesthetic Education*, vol. 42, no. 1, (2008), pp. 1–15, p. 4.

是由那些通过诸如女性主义、后殖民主义和残疾研究等批判性视角进行理论研究的当代学者所做的。但这并不是一个新的批判。早在1753年，也就是康德批判理论发表近40年前，威廉·霍加斯（William Hogarth）在《美的分析》（*The Analysis of Beauty*）中就同样对无利害性持怀疑态度，就像当时夏夫兹博里（Shaftesbury）和哈奇森（Hutcheson）等英国贵族哲学家提出的理论一样。（事实上，康德并没有发明无利害性概念，而是从启蒙运动的哲学家前辈那继承下来的，这一点经常被当代评论家所忽视。）罗纳德·保尔森（Ronald Paulson）解释道：

> 像霍加斯……认识到夏夫兹博里的审美无利害性有其政治的一面：君主和教会的联盟被无私的（因为拥有财产，富裕的）公民人文主义绅士联盟所更正；皇室对艺术的赞助同样被无私的鉴赏家（同样的人）所更正。唯一能够欣赏美德和美的人是辉格党的寡头们。[1]

因此，我们可以得出这样的结论：为美的无利害性辩护是无法维持的；对美的欣赏很少脱离其他价值，无论是道德的、政治的还是文化的价值。然而，对教师来说，这使美与其他教育价值相一致，这些价值都不能存在于意识形态中立的区域。这种美即便有，也很少是无利害的，不需要让我们像许多美学批评家那样，把它看作是意识形态的脏话（ideological swear word）。阿米莉亚·琼斯（Amelia Jones）的语气并非不典型："总是有泄漏污染所谓

1　Ronald Paulson in the preface to William Hogarth's *The Analysis of Beauty*, New Haven, CT / London: Yale University Press, (1997), p. xxiii.

的无利害性美的话语权威……这种污染是意识形态的恶臭。"[1]如果美从来都不是无利害性的,那么关键点不是教师忽视它的力量或将它视为必然可疑;他们需要在具体实例中考虑,无论是通过艺术或语言表达,还是在科学实验或数学定理中,学生的兴趣在哪——文化上、道德上、智力上和政治上。这样,如果他们能把一首美丽的诗,一个美丽的想法,一段美丽的音乐或一条美丽的定理的审美愉悦带入他们的课堂,那么美与兴趣将有助于使课程变得有趣。

无利害性并不是我们继承康德美学理论中唯一争论的问题。事实上,在将审美体验牢牢地放在心中的过程中,康德在感知者与审美对象之间强加了一种分裂。从那时起,这种分裂就被普遍接受了。再加上审美体验是无利害性观赏这一观点,这耗尽了美这个概念的许多活力。美学话语继续使精神高于身体,反思高于体验的强度,超然(detachment)高于激情。用尼哈马斯的话来说,它变得与日常世界隔绝,不承诺任何正在研究的艺术作品中还没有存在的东西,试图将感知与鉴赏从欲望中分离出来[2]。它不再用普通人的语言交谈,也不寻求这样做。通过专注于"审美对象是如何刺激审美体验的?"它把这样一种观点自然化了,即如果我们要成功地评价艺术,就需要学习艺术特定的词汇。然而,正如克利福德·格尔茨所指出的,为了理解美,我们需要通过对特定审美品质的技术关注来达成,这完全是一种西方的观念,它可以追溯到启蒙运动时期。在所有其他文化中,人们通常通过关注其所服务的更广泛的文化问题来理解美。他写道:"艺术手段与赋予它生命

1　Amelia Jones, '"Every man knows where and how beauty gives him pleasure": Beauty Discourse and the Logic of Aesthetics', in E. Elliott, L. Freitas Caton and J. Rhyne (eds.), *Aesthetics in a Multicultural Age*, Oxford: Oxford University Press, (2002), pp. 215 - 239, p. 220.
2　Alexander Nehamas, op. cit., (2007), p. 10.

的感觉是不可分割的,人们无法将审美对象理解为纯粹形式的联结,就像人们不能将言语(speech)理解成句法变化的游行一样。"[1]同样,尼哈马斯也质疑这种观点,即审美判断必然是自主的,是脱离语境与目的的,因此需要一个独特的词汇。他认为,我们为了做出这样的判断而使用的词语——如"优雅""精美""深刻""微妙"——并不意味着专门与艺术相关的价值。它们是我们在日常生活中使用的词语,也是我们在讨论艺术时适当使用的词语。他建议,这种批判性讨论应该从我们个人从相关作品中得到的东西开始,而不应该试图从任何客观意义上判断它的价值。毕竟,这反映了我们为什么要去看《哈姆雷特》(Hamlet)戏剧表演,看一幅画或读一部小说——是从中得到一些东西,而不是分析它的组成部分,把它们重新放在一起,然后做出判决(verdict)[2]。当我们看到一些让我们印象深刻的美好事物时,我们渴望与对我们很重要的其他人——我们的朋友,我们的家人,我们的学生——分享这种体验,鼓励他们去感受我们之所感。但这只能以邀请的形式,而不是指示的形式,因为没有人会仅仅通过简单的告知来欣赏美。言下之意,要想让美在课堂上发挥作用,教师就必须首先在她正从事的工作中发现美;想办法让她的学生分享她对它的激情与热爱;并鼓励他们发现一种共享的语言,而不是外部强加的语言,以此来表达他们的经验。这并不意味着没有技术性语言来帮助这种表达;当然有。这意味着,我们不是从它开始,而是试图激发"生命感"(feeling for life),即美的对象需要在我们的学生身上激发活力,然后才能有任何经验供他们学习。

1　Clifford Geertz, 'Art as a Cultural System', in *Local Knowledge: Further Essays in Interpretive Anthropology*, New York: Basic Books, (1983), p.98.

2　Alexander Nehamas, op. cit., (2007), p.44.

康德理论的有益方面

康德明确指出,只有当我感觉到事物之美,我才能开始重视美的事物;换言之,任何美的教育都必须通过情感。但与此同时,他描述了审美体验如何发挥想象力和理解力,这两者都是认知的过程。因此,他暗示了情感与认知之间,感觉与认识之间的密切关系,这相当于情感在本质上是认知的理论。我们可以简要有效地考虑一下这对教授像莎士比亚(Shakespeare)这样的伟人的启发。无论我们是以康德(应该教授莎士比亚,因为关于他的重要性有很多说法)还是以布迪厄(莎士比亚应该作为社会正义的原则来教授,这样所有人,而不是只有文化精英,都有机会从莎士比亚知识所带来的文化资本中获益)为榜样,除非年轻人学会感受他的作品之美,否则他们不会理解也不会因此而重视莎士比亚。当然,对那些教莎士比亚的人来说也是如此——也许这一点已足够明显但皇家莎士比亚剧团教育部门最近的工作表明,英国许多中学英语教师自己都不喜欢莎士比亚,和/或对他们教它的能力缺乏信心;研究表明,中学生普遍对传统的课堂教学方式感到不满[1]。由于莎士比亚是英国国家课程中每个孩子都必须学习的一位作家,我将在后面章节中详细地讨论。这里无须多说,康德的思想暗示了一种直接处理情感的有趣教学法。

康德将游戏视为审美体验的支点,这种游戏立场对其后来在西方思想中的概念化产生了重大影响。正如罗伯·波普(Rob Pope)所言,直到康德

1　Steve Strand (University of Warwick), Attitude to Shakespeare among Y10 Students: Report to the Royal Shakespeare Company on the Learning and Performance Network Baseline survey 2007/08.

之后,游戏才被视为"一种解放和创造性实现(creative fulfilment)的形式"[1]。康德认为游戏本质上是一个智力的过程,涉及美的创造与欣赏,这对教师应该如何看待所有的艺术形式,包括那些经常被教导为高度学术训练的形式,比如诗歌。让我们以隐喻为例。在奥赛罗-布拉班提奥(Othello Brabantio)抗议时,

> ……我个人的悲伤
>
> 犹如洪水破闸,压倒一切,
>
> 把其余的忧患一并吞没了(1.3.55 – 57)

我们并不相信他的悲伤会以物质形式,冲破了防洪的闸门。我们认识到,莎士比亚将悲伤的力量与洪水的力量进行了富有想象力的类比。然而,在建立如此有趣的联系时,它并不是微不足道的,也不是武断的或语言上的自我放纵。用约翰·阿姆斯特朗的话来说,"这不是一种偶然或武断的联系;它有丰富的寓意和暗示。它并不产生明确的理解,而是表达了理解"[2]。莎士比亚对语言的有趣运用使我们的思维进入一种特别复杂的游戏形式,它的美取决于其"丰富寓意和暗示"。因此,康德的理论暗示了关于艺术的三件事:它们是游戏的,因此是愉快的;这既是智力的游戏,也是物质形式的游戏;美是创造性游戏的最高形式。

最后,正如奥斯汀·哈林顿(Austin Harrington)所主张的,康德坚持认为,我们声称我们的审美判断是有效的,这使它们超越了纯粹的意见表

1　Rob Pope, *Creativity: Theory, History, Practice*, London: Routledge, (2005), p.119.

2　John Armstrong, op. cit., (2000), p.148.

达——事实上，它们是邀请他人与我们进行批判性讨论[1]。虽然阶级、性别、年龄、性取向和种族等问题会影响我的判断，但它们并不是我的依据；我喜欢大卫的《雷克米耶夫人肖像》很可能是因为我是一个异性恋男性和法语爱好者，但我的批判性讨论并不是基于这一事实。同样，我的工人阶级背景让我无法接触到某些类型的艺术——例如歌剧——这一事实并没有使威尔第（Verdi）的作品变得不那么美，正如我缺乏黑格尔（Hegel）哲学或伯特兰·罗素（Bertrand Russell）的数学原理教育并没有使他们的作品在任何方面无效。相反，如果一个受过古典音乐鉴赏教育的人未能察觉到埃里克·克莱普顿（Eric Clapton）吉他演奏的微妙之美，那么这并不意味着美只是存在于观看者的眼睛（或耳朵），只是这个人的特定文化教育使得他们无法听到和回应这种特定的表达。尽管将克莱普顿跟威尔第进行不利的比较可能很愚蠢，但将克莱普顿的吉他演奏和我自己的吉他演奏进行比较是完全可以接受的，并发现前者为《黑暗的边缘》（*Edge of Darkness*）演唱的主题曲比我能演奏的任何东西都要美得多。类似的方式，我可以有条理地论证一部《哈姆雷特》比另一部作品更好，并将鲍勃·迪伦（Bob Dylan）的歌词与约翰·多恩（John Donne）和约翰·济慈（John Keats）等诗人作品进行比较时做出有效的判断，就像克里斯托弗·里克斯（Christopher Ricks）所做的那样，他做比较不是为了掩盖迪伦而是为了赞美他[2]。这意味着，我们可以评价美，并认为某些艺术作品或文化作品值得我们关注（也因此值得学习），是因为它们的内在优点，而不是仅仅因为它们为我们提供文化或社会资本；事实上，有些作品比其他作品更值得我们关注。正如大卫·舒姆威（David

---

1　Austin Harrington, *Art and Social Theory: Sociological Arguments in Aesthetics*, Cambridge: Polity Press, (2004), p.101.

2　See Christopher Ricks, Dylan's Visions of Sin, New York: Harper Collins, (2003).

Shumway)所说:"(艺术作品)这些品质是相对的;它们取决于有待实现的接受语境。但它们也是内在的,因为它们存在于文本中,而不仅仅存在于评论家的想法中。"[1]换句话说,美不仅仅是一个意见的问题。

美与崇高

在我们离开康德前,他的理论还有另一个方面需要我们注意,他将美分为两种截然不同的体验,美(the beautiful)和崇高(the sublime)。这方面,他又一次建立在之前作家的美学理论之上,尤其是埃德蒙·伯克(Edmund Burke),他的《关于我们崇高与美观念之根源的哲学探讨》(*Philosophical Inquiry into Our Ideas of the Sublime and the Beautiful*)于1756年出版。从最普遍角度来看,崇高代表着那些在艺术与自然中征服我们并让我们感到敬畏的事物——例如海上风暴、海之浩瀚;而美与那些本质上更轻松、更家常的(domestic)快乐事物有关——我们所爱之人的身体魅力,或鸟的优美歌声或一首抒情民谣的柔和旋律。伊莱恩·斯凯瑞(Elaine Scarry)总结如下:

> 在康德新划分的审美领域中,崇高是男性的,美是女性的。崇高居于山岳,弥尔顿(Milton)的地狱和神圣树林的高大橡树;美居于鲜花和伊利西亚草地(Elysian meadows)。崇高是夜晚的,美是白天的。崇高令人感动,美让人着迷。崇高是黄昏,是对世界的蔑视,是永恒;美是活

1　David Shumway, 'Cultural Studies and Questions of Pleasure and Value', in Michael Bérubé (ed.), *The Aesthetics of Cultural Studies*, Oxford: Blackwell, (2005), pp. 103 - 116, p. 110.

泼的欢乐与欢呼。崇高是伟大的；美是渺小的。崇高是有原则的，高尚的，正义的：美是怜悯的与仁慈的。[1]

因此，崇高是一种超越与精神力量的美学，美是一种世俗魅力的美学；作为二元中的女性成员，正如斯凯瑞指出，美在相比之下受苦："美的每一个属性或示例都变成了对立的一对中的又一个成员，因为它几乎总是很小的成员，也是可解雇的成员"[2]。事实上，这种二元对立是可以被挑战的。即使它最近才被构想出来，威廉·布莱克（William Blake）也邀请我们放弃它，把美与崇高视为一体——渺小与浩瀚，自然与无限，脆弱与强大：

> 一沙见世界，
> 一花窥天堂，
> 掌心握无限
> 须臾驻永恒。[3]

拉斯金也不那么乐意地接受这种区分。他写道，崇高"与美的事物没有区别，也与艺术中的其他愉快来源没有区别，只是它们的一种特定的模式和表现"[4]。然而，尽管如此，尽管后现代主义者决心清除二元对立的任何残留的恶臭，但这些倾向仍然存在于学校中，与斯凯瑞所指出的影响类似。例如，艺术是美的——迷人的，消遣的但不如科学重要，因为它们对大自然强

---

1 Elaine Scarry, *On Beauty and Being Just*, London: Duckworth, (2001), p.83.

2 Ibid., p.84.

3 From 'Auguries of Innocence' in *The Selected Poems of William Blake*, Ware Herts: Wordsworth Press, (1994), p.135.

4 John Ruskin, Collected Writings, vol.3, p.130; cited in Denis Donoghue, *Speaking of Beauty*, New Haven, CT/London: Yale University Press, (2003), p.159.

大力量的关注是崇高的。在艺术领域,许多中学英语教师对美的舒适方面感到不舒服,偏爱更符合崇高、强大和动人的美学的文学,反映了现代世界不舒服的现实和学生的情感(sensibilities)。例如,罗伯特·斯温德尔(Robert Swindell)的小说,如《冷石》(Stone Cold)和《垃圾》(Junk),是初中的热门研究,有力地描述了青少年生活,明确处理了棘手的社会问题,如无家可归、强奸与吸毒。然而,要理解为什么如此多的当代审美品位与崇高而不是美的理念相吻合,我们需要超越简单地将它视为对现代现实的一种回应。这种恐怖一直伴随着我们;我们需要处理现代主义这一个更为现代的文化传统的遗产。

现代主义的"可怕之美"

> 一切都变了,彻底变了:
> 一种可怕的美诞生了[1]

到了 19 世纪末,技术的进步导致了变革突飞猛进。从 1879 年到 1903 年,人们见证了电灯泡、第一种人造纤维、福特汽车、电影胶片、留声机唱片、无线电报和第一架飞机等发明。与此同时,科学思想的发展将彻底改变我们理解与思考世界的方式。达尔文的进化论和马克思的资本论已经动摇了西方文明的宗教和政治基础,弗洛伊德的无意识映射(mapping of the unconscious)和爱因斯坦的相对论。所有这些都产生了深远的文化影响。人们普遍认为,不仅在艺术家中,用罗伯特·休斯(Robert Hughes)的话来

1　From William Butler Yeats, 'Easter 1916', in *W. B Yeats Selected Poems*, London: Penguin, (2000), p.119.

说,世界正在见证"一种历史的终结和……另一种历史的开始""从现在开始,在新经验的压力和对新形式的要求下,规则将动摇,固定的准则将会失效"。[1] 对于一些人来说,这诱发了一种对未来文化可能性的英雄乐观主义情绪,同时夹杂着一种敬畏和/或恐惧,因为他们确信,以前被认为属于上帝的权力现在正被技术进步和新知识形式篡夺。未来不再存在于旧的信仰体系中,而是存在于科学、机器、社会和政治革命中,存在于对现代性所释放的力量的庆祝中。现代性激发了一种扫除过去,创造一个新的、更好的未来的愿望。这种令人兴奋的混合,激发了一种我们现在称之为现代主义的文化运动。

现代主义对过去的文化、道德和政治价值观的排斥,对艺术中美的概念产生了重大影响。现代主义的先知之一,法国诗人兰波(Rimbaud),曾向艺术家提出挑战,要求他们成为"绝对的现代人",而这种对现代性的呼吁不可或缺的一部分是对美的彻底拒绝:"有一天晚上,我把'美'抱来坐在我的膝盖上——我发现她苦涩惨淡——我便狠狠地辱骂她。"[2]波德莱尔(Baudelaire)等人在美学运动中积极地将美从善中剥离,而现代主义则寻求彻底拒绝美。兰波的呼吁在许多现代主义宣言中得到了回应,其中许多都来自一群被统称为未来主义者(Futurists)的意大利艺术家。他们的领导者马里内蒂(Marinetti)写道:"除了战争,再无任何美了。""我们想美化战争,这世界唯一的卫生。"未来主义者宣称其艺术目标是丑,而非美。"我们将不再有口头交响曲、让人镇静的和声和舒缓的韵律……我们将勇敢地成为那个'丑陋'

---

1   Robert Hughes, *The Shock of the New*, London: British Broadcasting Association, (1980), p. 15.

2   'One evening I sat Beauty on my knee—and I found her bitter—and I abused her.' Arthur Rimbaud, *Poésies complètes*, edited by Pascal Pia, Paris: Gallimard Livre de Poche, (1963), p. 107.

的人"。[1] 这种对美的自觉拒绝的核心，是种持续的渴望。渴望震撼当代资产阶级的情感，渴望用一种更适应机器的巨大力量，更适应人类现在拥有可以改变社会和文化世界的力量的美学观来取代一种舒适的慰藉的美学观，这种美学可以拥抱现代性承诺的核心——恐怖的快感。事实上，现代主义拒绝"美"的美学，支持"崇高"的美学。

　　未来主义者的作品被许多现代主义的辩护者斥为"完全暴力且空洞无关联的(unaffiliated)"：这说明了"创新的活力"是如何被"空洞的活力"所取代[2]。另一方面，1907 年毕加索（Picasso）创作的油画《亚威农少女》（*Les Demoiselles d'Avignon*），被公认为现代主义的早期杰作之一，它展示了其革命性美学的成就，特别是它对美的观念以及其在女性形体的体现所施加的暴力。几个世纪以来，在西方艺术中，女性裸体被描绘成既令人向往又令人安心性欲。以安格尔（Ingres）的著名油画《大宫女》（*La Grande Odalisque*）为例，一位裸体的年轻女子背对着我们躺在床上，在一个后宫的情色环境中让自己在我们的注视下。在画的中央，她的右手小心翼翼地拿着一把扇子，扇子的形状有明显的阳具味道。和她一样，毕加索的《亚威农少女》中的四个裸体女人通过提供性爱来谋生，但这次没有异国情调的环境来掩盖这一事实；这些都是妓女，而非皇室的妃子。安格尔的油画因颈部和躯干长度的变形而闻名，旨在增强女人的情色欲望。而毕加索油画中的变形则有一个完全不同的目的。安格尔油画形象的感性曲线被扁平而棱角分明的身体所取代；我们看到的不是美丽的面孔，而是模仿非洲部落面具鲜明

1　These quotes are taken from Marinetti's 'Futurist Manifesto' (1909) and 'Pride in Ugliness' (1912) in *Umberto Eco On Ugliness*, London: Harvill Secker, (2007), p.370.

2　The quote is from Tony Pinkney's introduction to *Raymond Williams Politics of Modernism*, London: Verso Radical Thinkers series, (2007), p.19.

特征的丑陋。就像面具一样，这些面孔虽然凝视着我们，却不透露它们的秘密；它们是扭曲的，令人不安的，它们的含义难以解读。身体本身采取了咄咄逼人的性姿势，中央的前景有一片甜瓜，就像一把刀片，一种阉割的武器。它被放置在一束葡萄和其他水果的后面，这些水果一起构成了一幅被肢解的男性生殖器的怪诞漫画。这样的意象与安格尔画作前景中充满情色的扇子和妃子之手缠绵的抚摸所承诺的性爱相去甚远。如果《大宫女》中的女性性欲被描绘成诱人的、性感的和愉悦的，那么在《亚威农少女》中则是可怕的、兽性的和丑陋的。乔治·巴塔耶（Georges Bataille）写道："她们的外表越远离动物，她们就越被认为美丽。"[1]毕加索油画中的妓女通过颠倒来体现这一原则。

图 2.4 《亚威农少女》(1907 年)，巴勃罗·毕加索。© 2009 巴勃罗·毕加索遗产/艺术家权利协会(ARS)，纽约。

1　　Georges Bataille, *Eroticism*, translated by Mary Dalwood, London: Boyars, (1987), p.143.

《亚威农少女》也说明了现代主义与西方艺术基本惯例的决裂,其形式是从所代表的现实中抽象出来的。这一点在背景中最为明显。在安格尔的油画中,背景是非常清晰的窗帘,色彩奢华,纹理细致,而毕加索则拒绝视角和参照。构成背景的蓝色和白色的锯齿状图案不一定代表什么;它们是形式,它们以特定的方式组织起来,提供图案和颜色,以补充前景的图形,而不假装是任何其他东西。因此,《亚威农少女》在各个方面都宣称自己是费劲的——冷漠的、不友好的、令人不安的。它不像《大宫女》等画作那样对心灵或感官有吸引力。相反,它说明了克里斯平·萨特韦尔(Crispin Sartwell)对毕加索艺术核心的定义:

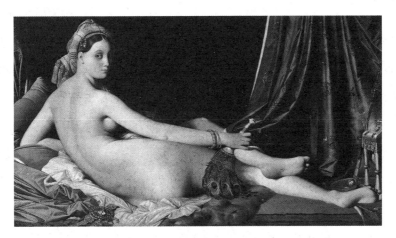

图 2.5　让·奥古斯特·多米尼克·安格尔(Jean Auguste Dominique Ingres)的《大宫女》(1814 年)。由巴黎卢浮宫博物馆提供。

毕加索的美是一种令人不安或痛苦的美,是一种复杂或恶心的美。但无论它是种什么样的美,它都是权力(power)之美……毕加索的美学推崇他强加给我们的意志权力:当我们看到他的作品时,他是我们的主人(master)。[1]

费劲(difficulty)和初期的丑陋成为所有现代主义艺术的特征——福克纳(Faulkner)和乔伊斯(Joyce)的小说,布拉克(Braque)和波洛克(Pollock)的绘画,艾略特(T. S. Eliot)的诗歌。艾略特确实把费劲视为现代世界诗歌的一种基本品质:"诗人必须变得越来越全面,越来越隐晦,越来越间接,以便在必要时,迫使语言曲解成他的意思。"[2]他的诗歌拒绝接受丁尼生(Tennyson)和勃朗宁(Browning)等诗人的"轻松"诗句,其中包括现代主义又一里程碑《荒原》(The Waste Land)。《荒原》在第一次世界大战结束四年后出版,他所描绘的现代性愿景并不乐观。这场战争很好地说明了新机器的黑暗、凶残的力量,以及旧欧洲政治体系的破产。在艾略特的诗中,战后的现代工业城市伦敦是丑陋的——一个棕色迷雾、运河萧条、煤气厂林立、肚子黏糊糊的老鼠满地爬行的城市,一个"河上洋溢着油和沥青"[3]的地方。这是一个没有爱的世界,充满了精神上的空虚,肮脏的性,千篇一律的人群和孤独的死亡。这首诗中的美,就像毕加索画中的美,可以在艺术形式本身的材料中,在电影的力量以及语言和意象的惊人节奏中找到;这些形象所代表的没有美,只有通过艺术家的意志锻造的东西。

现代主义有意识地努力从丑陋中创造艺术,这在达达主义者(Dadaists)和德国表现主义者(Expressionists)等团体的作品中有政治性的动机,他们与丑陋结成联盟,以攻击资产阶级的伪善和道德堕落。在第一次世界大战

1　Crispin Sartwell, op. cit., (2004), p.16.

2　T. S. Eliot, 'The Metaphysical Poets', *Times Literary Supplement*, 20 October 1921, p.670; cited in Alexander Nehamas, op. cit., (2007), p.34.

3　T. S. Eliot, 'The Waste Land', in *Selected Poems*, London: Faber and Faber, (1961), p.61.

后的几年里,柏林的街道上满是退役士兵,其中许多人已毁容。《玩牌的战争瘸子》(*Card Playing War Cripples*)是奥托·迪克斯(Otto Dix)等人将其作为社会评论主题的几幅画之一。如果柏拉图认为美反映个人的内在善良,迪克斯就用丑陋来描绘那些魏玛共和国统治者隐藏的腐败——警察、军官和资本家,蜷缩在咖啡桌旁赌博。这里,美不仅仅是无关紧要的,还是意识形态上的敌人,只有巧妙地利用丑陋才能传达隐藏政治真相的催眠药。像迪克斯这样的艺术家的作品与美国艺术家巴奈特·纽曼(Barnett Newman)的评论一致,他后来说了一句名言:"这是现代艺术破坏美的冲动。"[1]

图 2.6 《玩纸牌的战争瘸子》(1920 年),奥托·迪克斯。柏林阿尔特国家美术馆 bpk,国家美术馆之友/Jörg P. Anders 的财产。

1　Cited in Arthur Danto, *The Abuse of Beauty: Aesthetics and the Concept of Art*, Chicago /La Salle, IL: Open Court, (2003), p.145.

从现代主义到媚俗

如果像萨特韦尔所指出的那样,现代主义美学以权力为中心,康德将这种权力与崇高体验的核心超越性自由的快感联系了起来;尽管大自然有巨大的力量,但归根结底,它并没有支配我们。如果康德是从道德意义上这样说的——我们是具有自主道德感的生物,这种道德感超越了我们作为理智生物的本性——现代主义赞美它是人类意志的表达,超越了普通生活的共同舒适。温迪·施泰纳(Wendy Steiner)在《美丽的烦恼》(*The Trouble with Beauty*)一书中对现代主义的这方面进行了猛烈的抨击,书中她重点阐述了现代主义如何摒弃美偏好崇高,从而拒绝了女性形体以及我们把它与女性联系在一起的超越形体的美德——魅力、同情、家庭生活、快乐和爱。她认为,这一遗产影响了现代生活的方方面面,对女性不利,而非有益;因此,现代主义将美视为谎言和艺术世界中的神话,这在我们当代文化中产生了共鸣。在当代文化中,美被定义为一种支配和伤害女性的意识形态观念。对施泰纳言,其后果是:对女性来说,这会使自由和快乐相互矛盾。她写道,"逃避美,代价高昂,因为它关闭了激情、生育和自我理解"[1]。

为了说明美的美德(virtues),施泰纳引用了丘比特和普赛克(Psyche)的神话。在这里,凡人普赛克(灵魂)嫁给了永生的丘比特(爱),但他只在夜晚时去看她。当她终于点燃了一支蜡烛,凝视他熟睡的身影时,她被他的美貌所征服。虽然丘比特对她的背叛感到愤怒,现在抛弃了她,但普赛克对他的爱是如此强烈,以至于她为了与他重新团聚而做出了一系列超出常人的

1　Wendy Steiner, *The Trouble with Beauty*, London: Heinemann, (2001), p. xvi.

举动。因此,她获得了永生,从而与丘比特平起平坐。他俩共同生下了一个女儿,名叫"欣快"(Pleasure)。当然,这个美的概念让人想起柏拉图提出的"灵魂,被美打动,变得值得爱和快乐"。施泰纳继续说道:"同情是我们称之为美的互动的产物,在互动中,双方在价值观上保持一致,并在这个过程中,在某种意义上变得平等"[1]。"洞察力、理解力和同理心"是由此定义的美的体验所产生的三个关键美德[2]。这与现代主义的崇高形成了鲜明对比,在现代主义中,敬畏、钦佩和恐惧的情感本身就是目的(ends),产生了一种"令人兴奋的超脱(detachment)",有时被称为自由,但实际上是一种缺乏参与、互惠或同理心的自由[3]。因此,崇高与恐怖非常接近;对于那些试图超越人类局限的艺术家来说,他们冒着破坏"人类生存的共同价值观和乐趣"的风险。[4]

施泰纳对现代主义的批评,在一定程度上将我们带回到我们开始的地方。在攻击崇高时,她提出了一种与柏拉图产生共鸣的美的理论,它包含了爱和互联(interconnectedness)的品质,并承认其固有的伦理和审美价值。她通过更柔和的美之魅力——家庭生活、装饰、仁慈和同情——唤起这些——同时暗示崇高是一种错误的极端(false polarity)、是非人道的,在文化上是危险的。她认为最近的抽象艺术作品挑战了现代主义中的冷漠的厌女症。例如,在瑞秋·怀特瑞德(Rachel Whiteread)的《房子》(*House*)和《无题》(《100个空间》*Untitled*(*One Hundred Spaces*))中,她发现了一种文化转变,即在作品中重新发现了魅力、智慧和装饰的价值,这是"非常愉悦

1　Ibid., p. xxi.

2　Ibid., p. xxi.

3　Wendy Steiner, *The Trouble with Beauty*, London: Heinemann, (2001), p. xxiii.

4　Ibid., p.6.

的,提供了一种近乎儿童般的审美幸福"[1]。事实上,这种转变似乎确实很明显,当然是在文化评论的世界里。正如我们所看到的,自20世纪90年代以来,人们对美的概念的兴趣猛增,并对其积极的品质进行了不断的重估[2]。但是,如果说现代主义的时代已经过去,它的情感(sensibilities)却没有过去。我们从它那里继承来的感觉结构并没有那么容易被取代。此外,正如T. J. 克拉克(T. J. Clark)告诉我们的那样,"现代主义预言的'现代性'终于来了……我们所经历的是现代性的胜利"[3]:

> 现代性意味着偶然性。它指出了一种社会秩序,这种秩序已经从对祖先和过去权威的崇拜转向对未来预期的追求——商品、快乐、自由、对自然的控制形式或无限信息。这个过程伴随着对想象力的极大清空和净化。[4]

在这种黯淡的愿景中,现代主义的预言是在没有一个公正的新秩序胜利的情况下发生的。法西斯主义和平均主义,这两个20世纪关于重塑历史的政治改革的宏大叙事,都被证明是致命的。自1989年以来,资本主义独占鳌头,即便是2008年底前所未有的银行业危机也没有为我们提供一个真正的选择。大众消费主义仍然承载着我们被出售的幸福的承诺,用度假套

---

1   Ibid., p.236.

2   Many of these have been core sources for this book and have been already cited. Apart from Steiner, see Scarry (2001), Danto (2003), Eco (2004), Armstrong (2005), Nehamas (2007), Woolf (2008).

3   T. J. Clark, *Farewell to an Idea: Episodes from a History of Modernism*, New Haven, CT / London: Yale University Press, (1999), p.2 - 3.

4   T. J. Clark, *Farewell to an Idea: Episodes from a History of Modernism*, New Haven, CT / London: Yale University Press, (1999), p.7.

餐、超市狂欢和便携式技术的最新时尚的诱人形象充斥着我们的家。因此，预期的幸福未来是一种瞬间满足的快感，商品化、净化和空虚，只植根于永恒的新奇和创新的经济价值。与此同时，以前如此令人震惊的现代主义形象已经进入了流行文化的形象，缺乏语境的参考点和理智内容——例如，蒙克(Munch)的《呐喊》(The Scream)，模仿了韦斯·克雷文(Wes Craven)的同名恐怖电影的面具。反抗已经很好地、真正地变成了风格；或者，正如弗雷德·英格利斯(Fred Inglis)所说，"即使是先锋派，曾经是资产阶级令人震惊的吉普赛表亲，作为下一种时尚的设计师，也得到了回报。"[1]萨特韦尔评论说，现代主义的冲动是将人类欲望的邪恶转化为艺术："他们的艺术创造了一种美。这种美利用着权力欲，我们对他们创造的美的体验揭示了我们被淹没的邪恶欲望。"[2]然而，在当代现代性的世界里，这些欲望很容易被引导到恐怖电影和电脑游戏所提供的娱乐中。这些产品如果没有经过震惊的和血腥的消毒，就会被清除掉任何激进的智力挑战，或帮助我们重新想象这个世界的努力。他们让人想起弗雷德里克·詹姆森(Frederic Jameson)关于可见物如何"本质上是色情，也就是说它以疯狂的、盲目的迷恋而告终"[3]的观点。

与此同时，被现代主义蔑视的美，正面临着其实质被掏空的危险，从而陷入肤浅的安慰和媚俗的伤感中。"肖邦的降B小调奏鸣曲由佩里·科莫(Perry Como)演唱，利伯雷斯(Liberace)编排，海军乐队伴奏"[4]——翁贝托·埃科(Umberto Eco)的诙谐自负巧妙地抓住了媚俗的本质，媚俗是一

1　Fred Inglis, *Culture*, Cambridge: Polity Press, (2004), p.52.

2　Crispin Sartwell, op. cit., (2004), p.16.

3　Frederic Jameson, *Signatures of the Visible*, London: Routledge, (1990), p.1; cited in Denis Donoghue, op. cit., (2003), p.85.

4　Umberto Eco, op. cit., (2007), p.396.

种艺术或文化产品，完全通过唤起肤浅的反应，自觉地寻求创造美。它针对的是消费者的情绪反应，只要求被看到或听到；批判性的探究或反思性的沉思不是它所关心的问题。用赫尔曼·布罗克（Hermann Broch）的话来说，"媚俗的本质在于伦理范畴与审美范畴的互换；这迫使艺术家追求的不是一件'好的'艺术品，而是一件美的艺术品；对他来说，重要的是美的效果"[1]。因此，媚俗的纯粹效果可以与美的体验形成对比，因为它非常肤浅，易于接受，也绝对缺乏认知挑战，从而保证我们从媚俗中学到的只有盲目的顺从：

> 媚俗去除了艺术的真实性，取而代之是安慰；它甜蜜地告诉我们，一切都会好起来的……媚俗消费主义是抑制如何好好生活这一重大问题的麻醉剂；相反，它把我们的文化家园变成了一座未被意识到的监狱，以满足琐碎的欲望。[2]

当代的教育话语可能会抗拒美，但它对媚俗一点儿也不免疫。电视广告，以精心挑选的面带微笑、容光焕发的青少年形象招聘这一职业，他们诚实的笑声与他们的年轻、穿着时髦的老师分享，毫无疑问，这样的教师正在快速地进入中层管理层；当地庆祝耶稣诞生的新闻节目在附近的一所小学上演，记者们在节目中从天真无邪的年轻人嘴里征集天真可爱的评论——这就是媚俗的肤浅与安慰的诉求：一切都是完美的，在我们的学校没有什么不能通过精明、有趣和外表整洁的专业素养来妥善处理。更乏味的是那些敬业的教育家的劝诫故事，他们渴望传播自己真正信仰的好消息，把"制

1　Herman Broch, Kitsch, (1933), cited in Eco, op. cit., p.403.
2　Fred Inglis, op. cit., (2004), pp.55-56.

作与思考、创造和批判的美丽世界"这一教育努力，简化为纯粹的媚俗形象[1]。

盖伊·克拉克斯顿（Guy Claxton）的作品摘录将会例证这一趋势。克拉克斯顿是一位目前备受尊敬和钦佩的英国教育学家，最近在《泰晤士报教育增刊》（*Times Educational Supplement*）上，被列为"塑造了现代教育的思想家"之一[2]。《构建学习力》（BLP）也许是他最具影响力的一本书，开篇有三页关于达伦（Darren）和凯蒂（Katie）的介绍，他们都被描述为"正在成长中的强大学习者"[3]。达伦 11 岁，即将开启圣埃德蒙综合学校的学习生活。他躺在床上，预想着他在新学校的第一天，从他的沉思中，我们了解到他是一个酷爱学习的人——"现在比五年级时好多了"——这在很大程度上要归功于他在贝克利路小学五、六年级时的老师，他们遵循了这本书的学习方法，这本书将继续详细解释。达伦从这一系列策略中受益："有趣的"课堂活动，例如制作海报，建议你在阅读或数学上碰到困难时该怎么办，或者如果你跟你的朋友闹翻该怎么办；定期记学习日记；记住诸如"预测—观察—解释"之类的套路。他能在脑海里听到六年级老师的声音，哄他写下对新学校的希望、恐惧和期望，所以他拿起学习日记本，在睡觉前写了几分钟。与此同时，他 17 岁同父异母的姐姐凯蒂正忙着洗她的装备，并考虑为她在当

1　Ibid., p.52.

2　This full-page feature on Claxton was published in the *Times Educational Supplement*, 1 August 2008, p.17.

3　Guy Claxton, *Building Learning Power*, Bristol: TLO Ltd, (2005), pp.9－11. All quotes in this summary are taken from these three pages. 'Building Learning Power' (BLP) has been adopted as a strategy by several local authorities in England and is timetabled as a discrete subject in some schools. Latest publications as I write include Infusing BLP into KS2 core subjects and two BLP activity banks aimed at children aged four to six years old. Interestingly, authors are not named on the publicity—it's the movement that counts. See www. buildinglearningpower.co.uk.

地大学学习的休闲管理课程写一篇论文。我们被告知，她已经"开始发展她的'学习肌肉'（作为一个健身狂热分子，她喜欢这个隐喻）"。然后，我们通过达伦的父亲查理的想法，了解到达伦和凯蒂一家在希腊度假。达伦显然过得很开心，我们毫不怀疑，这是因为他现在作为一名学习者所拥有信心——学会了深潜；与他结识的两个德国女孩聊天，尽管不会说她们的语言；在酒店和她们做"有趣的项目"；在参加晚间希腊舞蹈课之前仔细观察。凯蒂也很快没有了少年时的忧郁，她被达伦的学习热情所感染，不自觉地一个劲儿地和"一群只有她一半年龄大的男孩"一起练习潜水。该引言的最后一段值得全文引用：

> 现在是九月里一个晴朗的早晨。达伦穿着他的新校服，凯蒂穿着她的设计师运动服，他们拿起一碗麦片粥，整理他们的东西。凯蒂去了图书馆，想看看她能找到什么关于自尊、身体形象和锻炼态度之间的关系的书——有点拗口，但她完全被这个想法所吸引。达伦不得不赶去见里昂，步行去圣埃德蒙教堂。"还好吗？伙计"当达伦飞奔出门时，查理对他说。"有点摇晃，爸爸，"他回道，"不过我会没事的。"查理心想："是的，你会的。"

所有这些都是纯粹的媚俗。家庭幸福感是通过一个阳光明媚的假期，穿着得体但有适当时尚感的孩子和一位适度悠闲的父亲形象来唤起的。这种现实愿景，直接来自一个玉米片的广告，渗透到旨在将学习、学校与美好生活联系起来的形象。在 BLP 的世界里，年轻、健康、健美的身体清晰地反映了年轻、健康、活跃的头脑。从阅读和游泳到如何交朋友，玩得开心，改变你的生活态度，一切都可以通过一系列的技巧、有趣的练习和记忆的套路来学习。这种"强大学习"公式的技术,以一种叙述的方式进行营销,暗示它不仅有可能消除教育问题,还有可能消除家庭破裂、肥胖、青少年性行为、各种社会偏见和分裂的问题。我们的达伦,并不是因其名字而让许多小学英语老师想到的淘气包,而是一个学习的模范,尽管他遭受了父母离婚带来的创伤,但仍能茁壮成长。他的教育轨迹将政府部门(贝克利路)(Beckley Road)和宗教部门(圣埃德蒙教堂)(St Edmund's)联系起来,他跨越了民族主义、厌女症和宗教的分歧,选择了两个德国女孩作为他的度假伙伴。这也是一个健康有益的假期,感觉不到一丝性爱的气息,当然对 17 岁的凯蒂来说不是这样;和她在一起的男孩们不仅比她年轻得多,而且处于青春期前安全期(17 岁的一半是 8 岁半)。书后面,我们遇到了达伦的老师丽塔·莎尔比亚(Rita Salbiah)女士(显然不是明确黑色),她是一位鼓舞人心的老师,来自贝克利路小学(Beckley Road Primary)。她也度过了一个健康有益的暑假,这次是在一个"另类假日社区"(alternative holiday community),她在那里冲浪,写诗,表演艾瑞莎·富兰克林(Aretha Franklin)的滑稽表演,并"让脑瘫患者给自己按摩"[1]。在 BLP 的世界里,社会偏见被轻松地希望消除,事实上一切都很好——事实上,非常干净——讽刺是一个未被发现的概念。因为潜伏在这一切之下的是令人不安的现代主义愿景,即权力与意志是终极美德。达伦是一个"正在成长中的强大学习者",他的父亲一度沉思道:"如果达伦想掌握一些东西,现在就没有什么可阻止他了。"我们可以想象他自信地大步向学校迈去,他与莱昂肩并肩,穿着光鲜的新制服,梳着整齐的头发,齐哼着《明天属于我》(*Tomorrow Belongs to Me*)……[2]

---

1 Ibid., p.63.
2 One of the new publications, aimed at very young pupils, is titled Learning Power Heroes and features on the cover a fair-haired boy of about fi ve years old, dressed in a superhero costume flexing his muscles, arms raised in the air in triumph.

从柏拉图始,以介绍《建构学习力》终,建立学习力量的介绍结束,可能是极度平庸的虚假的,但这就是美和媚俗之间的鸿沟,它需要得到承认和坚持。本章论述了美作为一种价值观的历史,旨在解释我们在其现代用途中发现的各种混杂的意义的细微差别。这些细微的差别现在可以为考虑美与学习的关系,以及它在人文和伦理教育项目中的地位提供信息。但是,尽管到目前为止,我们的方法是批判性的和历史性的,但美作为一种价值,就像教育一样,都是面向未来的和乐观的。正如丹尼斯·多诺霍(Denis Donoghue)写道:"很明显,美的时态是未来,它的理解是由希望和期待的政治推动的,一种超越仅仅给定的当下的情感激增。"[1]因此,它很容易被腐蚀为媚俗的华丽伤感和轻松想象。如果在教育的背景下对美的体验是有希望的,那么它绝不能被想象得那么容易。它激发激情,而不是多愁善感,它抵制程式和预先设定的目标,最好通过真实的过去来考虑,而不是想象未来的可能性。而我以之作为开始的过去是我自己的。

---

1   Denis Donoghue, op. cit., (2003), p.86.

第三章　美即教育经验

显灵（Epiphany）

二十分钟左右，

我感到莫大幸福，

似乎得了祝福，也能施加祝福。[1]

　　15 岁时，我从班上一个男孩那里买了一张破旧的鲍勃·迪伦早期专辑。其中包括《别想多了，没事的》(*Don't Think Twice，It's Alright*)和《大雨将至》(*A Hard Rain's Gonna Fall*)等歌曲，所有这些歌曲都是他在吉他和口琴的伴奏下独自演唱的。几年来，我一直能用口琴吹出一首简单的曲子，并在学校里学习如何演奏中提琴。然而，这里有一些比中提琴更酷的东西。封面上有一张大照片，照片中年轻的迪伦和一个非常漂亮的女孩手挽着手在纽约的某条街上散步。第一次听这张专辑时，我独自坐在卧室里，盯着封面，被其音乐和歌词迷住了。第二天星期六，我把我仅有一点钱花在了一把便宜的原声吉他上。周末剩下的时间里，我用我学的如何拉中

1　William Butler Yeats, 'Vacillation', in *W. B. Yeats Selected Poems*, Harmondsworth: Penguin, p.176, lines 42 – 44.

提琴的基本知识来研究如何弹吉他。周末结束时,这张专辑我已经听了好几遍,我潦草地写下其中一首歌的歌词,并想出了一个简单的和弦序列,让我能够用他非常独特而悲伤风格唱出自己的版本。我发现了我想要的声音和我想成为的人,并开始了一段持续数年的爱恋。

我到底爱上了什么?首先是诗意,是他的遣词以及遣词的方式。他歌唱着这样一个世界,一个我能认识的不公正的世界,但也希望事情可以变得更好;歌唱着这样一种情感,一种我能认同的美的情感,我会一遍又一遍写下来,好像通过这样做,它们就可能以某种方式成为我的。它们可以成为我真正意义上的东西,因为我可以很快学会演奏演唱它们。他从中走出的蓝调传统对不完美地方非常宽容,并且不需要太多的技巧就能从中获得还不错的能力。当然,这里还有一种魅力——一种生活方式的希望。在专辑封面上他的微笑略带一丝深思和机智的叛逆,而他的穿着——平顶帽、绒面皮夹克、牛仔裤——传达出一种自由的气息,一种对财富制造的随意漠视。他胳膊上抱着一个漂亮的姑娘,他俩都在笑,彼此在一起很开心。我很快就买了帽子、夹克、牛仔裤和口琴架,还有吉他。遗憾的是,这个女孩没有带包裹,但我可以梦想,对我来说,这是一个完美幸福的梦想。模仿就是希望与渴望有一个能被看到、被倾听和被爱的我能盛开的未来。这是一个非常年轻、非常普遍、非常人性化的梦想。

当然,事情没有那样发展,全世界都放过了我的才华。我写过歌,唱过歌,甚至有一段时间是专业的,玩过不少乐队,但从未录制过唱片,最终生活中的其他梦想接管了我。多年后,我姐姐寄给我一张旧照片,我就在那里,17岁的我,拿着吉他,戴着帽子,在想象中为我那从未录制过的专辑封面摆姿势。看着这个被遗忘的照片,我没有感到失落或遗憾,更不用说对我曾经年轻的蔑视了。在我迄今为止的人生故事中,这是有意义的。我仍然热爱音乐，他的歌词激发了我对诗歌的热爱。如果我们把教学与授课当作表演，我就是通过语言和表演在谋生；每当我播放鲍勃·迪伦的早期专辑，就像我偶尔做的那样，我仍然被它们的情感所鼓舞，被它们质朴之美的力量所打动。

* * * * * * * *

这是我年轻时，最接近通常被称之为"顿悟时刻"的经历，阿姆斯特朗将其定义为一种启示："那一刻，我们突然——在很短的时间内——对自己和世界有了深刻的领悟。"[1] 也许，更准确地说，我所描述的是一次与美的激烈邂逅，这对我的成长岁月产生了深刻而又有力的影响[2]。这种经历并不罕见，尤其是在作家的传记中。我曾经听到作家菲利普·普尔曼（Philip Pullman）说过，有一次，他听到学校里一群大男孩在背诵 T. S. 艾略特的《圣贤之旅》（Journey of the Magi）。他描述了脊椎意外的刺痛是如何让他瞬间意识到这种诗意的语言将对他未来的生活非常重要的[3]。哲学家、历史学家科林伍德在他的自传中写道，八岁时，他偶然在父亲的书斋里发现了一卷康德的书，尽管他无法理解这些思想（the ideas），但他知道这些思想在某种程度上是他的事业，是关乎他个人未来的事业[4]。我们可以推测，如果对普尔曼来说，对他产生了如此大的影响是艾略特诗歌的节奏和韵律，那么对科林伍德来说，则是康德的语言所传达的难以捉摸的神秘思想中隐藏着的美。但对这两个男孩来说，对我来说，这次与美的邂逅不仅仅是一次时间上

1　John Armstrong, *The Secret Power of Beauty*, Harmondsworth: Penguin, (2005), p.136.

2　From the Greek word epipheneion meaning 'to manifest', the term was first given its modern, secular meaning by James Joyce who used it to describe moments in our lives which are sudden and dramatic, with heightened significance.

3　At a keynote to teachers of English, organised by Warwickshire Educational Development Service in 1999.

4　In R. G. Collingwood, *An Autobiography*, Oxford: Oxford University Press, (1939), pp.3-4.

的孤独体验；这让他们意识到，前方还有重要的工作要做。它还有一个非常重要的来世，有反复出现的美丽和快乐时刻，于我而言，这构成了我青春期的配乐。

亚瑟·兰瑟姆（Arthur Ransome）的儿童小说灵感并非以顿悟的形式而是以这种反复的形式出现，即在英格兰湖区的科尼斯顿附近度假时快乐童年体验的累积：

> 我们在湖里，或湖面，或山上玩耍，与农民、牧羊人和烧炭者结为朋友，他们的炊烟从岸边的灌木林中袅袅升起。我们很喜欢这个地方。来到这里，我们常常跑到湖边，把手伸进湖里许愿，仿佛我们刚刚看到了一轮新月……小说《燕子号和亚马逊号》（*Swallows and Amazons*）就是从这些古老的记忆中诞生的。我忍不住把它写了出来。它几乎是自己涌现的。[1]

和兰瑟姆一样，法国小说家阿兰·傅尼埃（Alain Fournier）的灵感也来源于他对自己成长的乡村环境的强烈热爱，这里是法国中部的索洛涅地区。然而，十几岁在巴黎时，他就有了自己的顿悟，邂逅了一位年轻美丽的女子，随即坠入了爱河。这两种经历融合在一起，为他在英年早逝前写的一部伟大小说《大莫纳》（*Le Grand Meaulnes*）提供了素材。《大莫纳》的主题是"那种幻想的光芒正在消退，回想起来，在他看来，即使是表面平凡的童年中最简单的景象和声音也被赋予了这种光芒"[2]。如果兰瑟姆的作品一次又一次重

---

1 This is taken from the short author's note, written in 1958, that precedes each of the novels in the Swallowdale series, London: Puffin Books, (1962).

2 Robert Gibson, *The Land without a Name: Alain-Fournier and His World*, London: Elek, (1975), p.34.

新创造一个乐园,在那里主人公不需要长大,可以不断地,似乎永远地享受奇遇,阿兰·傅尼埃用他的记忆重新捕捉了一个新生的成人欲望的世界,令人无法抗拒地兴奋,但又令人痛苦地怀旧,在那里,未来的承诺无情地辜负了已消逝的从前的幸福。

我认为,这两种体验——我们日常生活中反复出现的美和突然压倒性袭击我们的美——有着相似的审美形态(aesthetic topography),只是程度上有所不同。它们也不是我在这里引用的艺术家、哲学家和小说家的特权——只是他们经常写或谈论它们,当他们这样做的时候,最容易受到关注。当我们年轻的时候,美会根据我们成长的环境及其提供给我们的机会,以不同的形式影响着我们。作为一个出生在利物浦议会庄园的人,我没有像阿兰·傅尼埃或亚瑟·兰瑟姆那样享受过田园般的亲近自然,但我有书、电影、公园、老教堂、我的罗马天主教信仰、穿过老化的工业景观的运河步道以及利物浦破碎不堪的码头路巨大而荒凉的美景来塑造我的审美意识,更不用说披头士和像罗杰·亨特和伊恩·圣约翰等球员,他们随后在利物浦足球俱乐部球场上大放异彩。我们总能在人和自然中,在艺术、舞蹈、音乐、歌曲和文学中;在运动中;在思想上,无论是数学的、科学的、哲学的、政治上的还是精神上的;找到与我们亲近的美。伟大的英国画家威廉·特纳(William Turner)是一位理发师的儿子,他没有在优越的出身背景下长大,没有机会欣赏艺术品与乡村度假,而是在离伦敦考文特花园不远的一条小巷里长大。然而,正如约翰·拉斯金猜测的那样,他知道在哪可以欣赏到身边的美:"夏天的早晨,尘土飞扬、阳光闪烁的街道;蔬菜水果店里长满深深皱纹的卷心菜叶子;角落里独轮车上华丽的橘子;还有三分钟就能跑到的泰晤士河岸。"[1]正如阿

1　John Ruskin, 'The Two Boyhoods', in Modern Painters, vol. 5, cited in John Armstrong, *The Intimate Philosophy of Art*, London: Penguin, (2000), p. 37.

姆斯特朗评论的那样，"那么，对特殊的特权物品的体验并非必要；重要的是，这些体验是快乐的、被详述的、被调动和被利用的"[1]。

因此，我开始这一章论述的意义在于它的平凡性和强度。在更平常的审美体验背景下，我年轻时的梦想反映了我同时代人的梦想，而对于他们中的绝大多数来说，这并没有实现。然而，它激励我在青春期学习。作为一种压倒性的美的体验，它为我提供了一个理想，多年来我一直内化并努力模仿。它将作为一个例子来研究这些经验的本质以及它们的教育特征。

经验、知识与美

迈克尔·奥克肖特（Michael Oakeshott）在他的哲学著作《经验及其模式》（*Experience and Its Modes*）中，提出了几个关于经验本质及其与知识关系的重要命题。首先，他将经验界定为由经验活动与被经验到的东西构成的整体，如果这两者被分开，就会变成毫无意义的抽象物。因此，根据奥克肖特的观点，我们不能将美的体验活动与体现美的对象分开；两者共同构成了经验，只有在其特殊性上才有意义。其次，他认为，我们不能用思维之外的感觉来定义经验，因为我们需要在感觉的直接层面上进行判断才能理解它。用他的话来说，"感觉包含着意识，意识包含着判断，判断就是思维"。[2] 因此，我们可能拥有的任何对美的体验都不仅仅是对美的感官反应；在其根源上，在任何康德的鉴赏判断概念之前，它就涉及我们对它最初的、直接的评价反应中的初级思维过程（primary thought processes）。感觉也

1　John Armstrong, op. cit., (2000), p.37.

2　Michael Oakeshott, *Experience and Its Modes*, London: Cambridge University Press, (1978), p.19. First published in 1933.

是如此。一种特定的感觉——例如快乐或恐惧——总是与先验知识联系在一起,因此与思想(thought)是不可分割的。因此,奥克肖特说:"没有哪种经验不是思维(thinking),没有哪种被经验过的东西不是思想(thought),因此没有哪种经验不是观念(idea)的世界。"[1]所以,尽管我初遇鲍勃·迪伦的音乐时情绪激动,但根据奥克肖特的理论,这种体验既是认知的,也是情感的,是一个思想和感觉融合在一起的世界。

奥克肖特进一步阐释了这种经验理论对我们应该如何理解知识的意义。经验对我们来说是真实的:"要求现实超越经验的思想家无疑是令人失望的。"[2]这就意味着,经验提供了一个框架,我们应该在这个框架内审视我们如何学习,因为我们获取知识的方式取决于我们对它的理解方式——人们如何对待我;人们告诉我的事情;发生在我身上的事情;我所采取行动的结果;我遇到的想法;我在学校发生的事情,等等。因此,知识不应被视为纯粹的积累,不应被视为我们在学习新事物时添加额外的事实和片段。由于它围绕着一个观念世界展开,从经验中学习的努力是为了争取一致性(coherence),并把一致性作为理解的基础:"我们可以说,只知道一个是一致的,或看起来一致的思想体系……无论我们知道什么,我们知道的都是一个整体。"[3]如果新知识仅仅是一个增量,一种补充,作为一系列的想法被收集起来,那么它就只能触及他所说的外围,或者我们认知的未加工端(the raw end of our cognition)。他接着说:

　　但由于它是一个体系,每一个进步都会回溯性地(retrospectively)

<hr />

1　Michael Oakeshott, *Experience and Its Modes*, London: Cambridge University Press, (1978), p.19. First published in 1933., p.27.

2　Ibid., p.54.

3　Ibid., pp.40-41.

影响整个整体，是一个新世界的创造。知识……不仅仅是一系列思想的延伸，也不仅仅是一个思想集合的扩大；它是通过追求特定世界的含义（implications）来实现该思想世界或体系的一致性。[1]

奥克肖特并不是说我们不会零碎地和依次了解事实、学习技能和思想，也不是说我们不能以累积的方式学习；相反，他说，我们以这种方式学习的东西不能算作知识，除非它们以某种潜在的、一致的方式改变了我们看待和对待世界的方式。从这个意义上讲，知识可以更准确地理解为变革性的，而不是渐进式的；从这一点，我们可以看到与美的激烈相遇如何是最具变革性的知识创造体验的基础，在主体和世界之间提供一种新的一致感。正如伊莱恩·斯凯瑞所写，"美的东西看起来——是无与伦比的，前所未有的；这种没有先例的感觉传达了一种整个世界的'新鲜'感或'新生'感。"[2]

　　像这样的体验，我们从中如此深刻地学习到"从体验的短暂中获得永恒、重要性与意义"，这是伽达默尔（Gadamer）通过德语术语"Erlebnis"被定义的："体验（Erlebnis）不再是在意识生活之流（the stream of conscious life）中快速流逝的东西；它是一个整体，从而获得一种新的一体模式（new mode of being one）。"[3]"Erlebnis"这个概念呼应了奥克肖特对一致性的强调，它从其他形式的经验中脱颖而出，本身是独特的，但与"有意义的生活整体"[4]（meaningful whole of life）有着深刻的联系。斯凯瑞用它的身体效应来表达这一点："美加快了肾上腺素分泌。它使人心跳加快。它使生命更加生动

1　Michael Oakeshott, *Experience and Its Modes*, London: Cambridge University Press, (1978), p.19. First published in 1933., p.41.
2　Elaine Scarry, *On Beauty and Being Just*, London: Duckworth, (2001), p.22.
3　Hans-Georg Gadamer, *Truth and Method*, London: Continuum, (2004), p.58.
4　Ibid., p.61.

活泼、充满活力、富有价值。"[1]伽达默尔写道,这种体验在拥有者的记忆中,是"难以忘怀和不可替代的",无论怎样的描述和定义都无法穷尽它。[2]

因此,"Erlebnis"是一个经验(an experience)的最有力的表达,它不同于一般经验的连续流动。这是约翰·杜威(John Dewey)在他的《艺术即经验》(*Art as Experience*)一书中关注的问题,他在书中对一个经验由什么构成问题进行了详细的理论化探究。他用让人想起奥克肖特的语言,将其与我们现在所说的建构主义知识理论联系起来:"接受任何有活力的经验(vital experience),不仅仅是把某种东西放在意识之上,而不是之前已知的东西。它包含重构。"[3]和伽达默尔一样,他认为这种"一个经验"与普通经验流相结合,但又与之划清界限分开,并以完整性(unity)和一致性来规定其本质,即以一种圆满的(consummation)意义而不仅仅是停止的意义而结束的东西。同样重要的是,他并不认为这种经验局限于艺术,而是取决于诸如专注和毅力(purpose)等品质,这些品质与从一个人的绘画或观赏风景的体验中产生一样,也可以从科学探究中产生。他用冷静、务实的方法分析这些经验本质的方式,为我们提供了一个透镜,通过这个透镜,我们可以对更常见的、反复出现的美的体验进行理论化,这些美的体验不如我们拥有那些高峰体验强烈,这些高峰体验如更突然和强烈的顿悟或"Erlebnis"。例如,兰瑟姆的假期或者在迪伦的音乐曝光后,我听了他的专辑无数次;或者每当我演奏一首新歌时的满足感。杜威特别关注这些经验的叙事方面,因此我们会在本书后面再提及他,研究教师如何通过运用美学思想来塑造他们的教

1　Elaine Scarry, op. cit., p.24.

2　Hans-Georg Gadamer, op. cit., p.58.

3　John Dewey, *Art as Experience*, New York: Perigree Books, (2005), p.42. First published in 1934.

学法,从美中学习。[1]

在这一点上,我们可以大胆地指出,奥克肖特对知识的定义是以思想而不是技能为中心,他将概念性理解的优先权置于"知道如何做"之上,这将使他的认识论与现代教育的许多实践相冲突。但是奥克肖特在审视实践经验的本质时,确实关注了在行动中思考的世界,正如舍恩(Schon)在研究可能描述的"知道如何做",他将其描述为具体现实本身的世界[2]。然后,他从未将知道如何做与技能和技术的获得混为一谈;这仅仅是积累(accretion),只触及学习的初端。他认为,通过实践获得的知识,是通过行动和意志活动而达到的,并且是由"所是与我们所欲之间感觉差异"所驱动的[3]。如果欲望是驱动我们学习意愿的引擎,那么正是我们的价值观塑造了我们的欲望,因此,在实践经验中,我们创造新知识时所寻求的一致性在价值观的世界中。价值观提供了行动的动力,因为我们所寻求的知识是我们所看重的知识。实践的本质是"在现实世界中认识到价值世界中存在和已经存在的东西"[4]。如果没有这种价值感做支撑,实践经验就会面临不一致的危险——用奥克肖特的话来说,它就会成为"一个纯粹行为(activity)的世界",而不是一个有目的的行动(action)世界[5]。

让我们来看看,就我学习吉他的经验与驱动这个过程的一致性观念世界之间的关系而言,这意味着什么。像任何一门手艺一样,在民间蓝调传统中学习弹吉他,包括一系列技能,在这种情况下,包括各种风格的指法和拨

---

1 Ibid., Chapter 3, 'Having an Experience'.

2 See Donald Schon, *Educating the Reflective Practitioner: Toward a new design for Teaching and Learning in the Profession*, San Francisco: Jossey Bass, (1987). See Chapter 1, in particular.

3 Michael Oakeshott, op. cit., p.259.

4 Ibid., p.290.

5 Ibid., p.261.

弦,不同的节奏和弹奏方法,以最快的速度最小的力气将手从一个和弦形式移动到另一个和弦的能力等等。其中一些技能需要先掌握,然后才能掌握其他技能。例如,"敲击"这个特别令人满意的技能,当演奏者拨动一个不和谐的音符时,通过敲击正确的音柱来立即纠音。这就创造了一个更流畅的声音,似乎是将一个和弦转移到另一个和弦,但这一技能只有演奏者可以轻松快速地切换和弦才能有效使用。从这个意义上说,"知道如何做"或技能在我们如何以及按什么顺序来最优获得方面确实是渐进的。但这只是其中一部分,如果没有决定你进展的更广泛的概念框架,那么这将是不连贯的(incoherent)——我的音乐知识或者更准确地说,我想要创作的那种音乐,与我在任何时间演奏出实际声音相比,它在我脑海里是什么样子。因此,正如科林伍德告诉我们的所有艺术家创作那样,我在创作时,艺术产品存在于我的脑海中,通过工作来发现它,直到我满意为止[1]。这是一个价值的世界,价值在于美,我想要创作的音乐和想唱的歌词之美。如果没有这种价值感,我从事的就"仅仅是一种行为",缺乏任何方向感和目标感,也不知道什么才是品质。我学习演奏没有一致性和意义,因此几乎没有这样做的意愿。我不会为此耗费时间精力,就像我从来没有费心学习双簧管,从来没有想过拆除和重新组装摩托车的发动机,也从来没有想过成为一名造船者一样。我从美中获得的知识构成了我在学习这些技术过程中所学到的技能,并且确实从一开始就为学习这些技术提供了动力。反过来,这与我喜欢的,我觉得自己是谁,我想成为谁的人有着深刻的关联。

理查德·桑内特(Richard Sennett)告诉我们,现代世界有两种关键的方法来驱动我们努力工作,好好工作:一种是道德义务——为了共同体的利

---

1   R. G. Collingwood, *Principles of Art*, Oxford: Oxford University Press, (1958), pp. 115 - 117.

益去做——另一种是通过激发竞争精神。他告诉我们："事实证明，这两种方法都很麻烦，它们都没有——以赤裸裸的形式（in naked form）——满足工匠对品质的渴望。"[1]我敢说，这是因为技艺的本质是一种实践，实践经验的本质是一种知识。就我而言，我既不是被共同的、道德的目标感所驱动，也不是被任何竞争感所驱使。我并不是想变得比我的朋友们更好，也不是在努力实现致富的梦想而是想通过一种美的理念（an ideal of beauty）来成名，这种美的理念内在于我所从事的实践。没有任何外部考虑因素必然会阻碍我的学习，但它们永远不可能有美的激励能量，因为它们不是美的不可或缺的部分。美是一种价值，它让一切都变得重要，也将我锚定在这个过程。

然而，把这种审美体验仅仅看成是个人心理的，这将是错误的。激情和欲望（desire）是它面向未来的动力核心，这些动力既有一个外在的社会维度，也有一个内在的个人维度。展望中的未来，我会创作歌曲、演唱歌曲，并变得引人注目和受人喜爱，这不是我认为不需要努力、一夜之间就能实现的。它需要着手可行性与创新性、社会性与个人性兼备的计划，因为一旦我买了吉他并开始弹奏，我就成了一个由志同道合的年轻人组成流动但定义明确的社团中的一员。这让我结识了新朋友，我从他们那学到了新歌和新的演奏技巧，他们也可以向我学习。所以在这个过程中我既是教师，也是学生，并获得了自尊。这把我引向了意想不到的方向。有一条明显的音乐路线，可以追溯到老一辈的蓝调黑人歌手，如利德贝利（Leadbelly）和罗伯特·约翰斯顿（Robert Johnston），然后到发展到了新兴音乐家，如尼尔·杨（Neil Young），乔妮·米切尔（Joni Mitchell）和里奇·哈文斯（Ritchie

---

1　Richard Sennett, *The Craftsman*, London: Allen Lane, (2008), p.28.

Havens)。尽管这些艺术家在我选择的审美群体中有着相当标准的品位，但他们都影响了我如何创作歌曲和演奏吉他，从而扩展我在这个严格定义的音乐领域的教育。但当我得知迪伦受到了亚瑟·兰波（Arthur Rimbaud）诗歌的影响时，他那艰涩、有远见的且不敬的（irreverent）诗歌成为了一种新的魅力之路，这反过来促使我阅读了魏尔伦（Verlaine）更抒情的诗歌和阿波利纳尔（Apollinaire）的现代主义诗歌。由于对法国文学日益增长的新兴趣，我选择在大学里学习法语而不是历史。在贝克特（Beckett）、塔迪厄（Tardieu）和尤内斯库（Ionesco）的先锋派戏剧里，我发现了一种新的激情，最终让我从事现在的工作。因此，尽管一路走来波折重重，但我目前的职业，至少在一定程度上可以被视为一个自我导向为主的学习之旅的结果，这是我始料未及的结果，也是我 15 岁那年在狭小的卧室里草草写下《随风飘扬》（*Blowing in the Wind*）的抒情诗时从未想到的结果。

美与"无我化"

> 现在越折磨他，
>
> 他越是看到不属于他的快乐。[1]

虽然美本身可能是一种普遍的人类价值，但我们如何发现美以及在哪发现美却因人、因文化、因历史时代而异。我儿子对鲍勃·迪伦的评价并不高。他对嘻哈和他的电子音乐设备（decks）更感兴趣，而不是我几年前不明智地给他买的原声吉他，现在房间空闲角落积满了灰尘。新技术开辟了新

---

1 John Milton, *Paradise Lost*, London: Penguin Classics, (2000), Book 9, lines 469 - 470, p.197.

时尚,也为创造美开启了新的可能性,如果有的话,美对他生活的影响比对我的影响更大。对我来说,是吉他和乐队表演;对他来说,是当代舞,但他在从事这项事业时表现出了比我更坚忍的毅力。年轻人对审美的需求永远存在,即使它的表达在不断变化。如果他们在课堂上找不到,他们肯定会在其他地方找到;对教师而言,帮助年轻人与被排斥的(proscribed)课程内容建立审美联系,是一项挑战。

凯瑟琳·加拉格尔(Kathleen Gallagher)在她的《城市剧院》(*The Theatre of Urban*)这本书中提供了一个学生未能接触到美的生动例子——这很可能会引起许多中学老师的共鸣。她写了一个叫雷利(Rally)的男孩,用她的话说,他"用他的聪明和主导的角色形象掌控着课堂"[1]。他没有用自己的魅力来帮助老师,老师看到他时认定他是班干部,这给了他负责任的表现机会,但他一贯破坏或拒绝这种表现。加拉格尔在描述一堂以莎士比亚(Shakespeare)的《麦克白》(*Macbeth*)为主题的戏剧课时说明了这一点。当雷利自愿在与麦克白夫人的对话中扮演主角时,他故意颠覆文本,将与他的女性伴侣的每一次交流都性化,不断迎合他的朋友。在笑声中,其中一人喊道:"他就像糖果店里的孩子。"加拉格尔的观察通常是精明的:"他确实得到了他渴望的所有关注,但就像吃过多的糖一时兴奋(a sugar high),这永远都不够。"[2]

莎士比亚是一个标志性的例子,他的作品是整个人类文化成就史上最好的作品之一,被学术界、戏剧实践者和公众广泛接受。此外,《麦克白》被认为是他最具影响力的剧作之一。在被排斥的课程中寻找美,我们肯定不

---

1 Kathleen Gallagher, *The Theatre of Urban: Youth and Schooling in Dangerous Times*, Toronto: University of Toronto Press, (2007), p.92.
2 Ibid., p.95.

需要再看了。尽管如此，加拉格尔所描述的是与任何与美接触以及通过美来学习都是对立的。艾瑞斯·默多克（Iris Murdoch）帮助我们发现雷利所缺少的东西。这并不是说他没有对所学习的艺术内容给予应有的尊敬；这更多地与她称之为"无我化"的过程有关，在雷利的例子里，这个过程完全没有。默多克声称，当我们忘记自己、焦虑和日常事务时，"无我化"就会发生，这是审美体验的核心。她将这描述为一种对艺术或自然中美好事物的"非占有欲观赏"，以及一种"将意识转向无私（unselfishness）、客观（objectivity）和现实（realism）的体验"[1]。以下是她的举例说明：

> 我正怀着焦虑和怨恨的心情看着窗外，忘记了周围的环境，也许在担忧我的名誉受到损害。突然，我看见一只盘旋的红隼。瞬间，一切都改变了。带着受伤的虚荣心，忧心忡忡的自我消失了。现在除了红隼什么都没有了。当我重新思考其他事情时，它似乎就不那么重要了。[2]

默多克的论点有一种道德上的推动力——美可以让你变得更好——为此，她受到了约翰·凯里（John Carey）等作家的批评。他指责她是一个"丰衣足食的（well-fed）学者，喜欢诗歌"，没有看到她的红隼画面会被"一位照看一批即将上市的小鸡中国农民"视为一种威胁而不是美。[3] 这里有一种默认的暗示，自然和艺术的美是普通人没有时间追求的；只有丰衣足食的和受过良好教育的人才会重视它（我想他把自己算作其中一员）。我们也可以质疑凯里代表一位中国农民说话的权威。不管怎样，他的批评没有切中要害。

1　Iris Murdoch, 'The Sovereignty of Good over Other Concepts', in *The Sovereignty of Good*, London: Routledge, (1991), pp. 84 – 85. First published 1970.

2　Ibid., p. 84.

3　John Carey, *What Good Are the Arts?* London: Faber and Faber, (2005), p. 42.

默多克将此描述为她对美的看法；她并不是说世界上每个人都会像她那样看到红隼；相反，她把它作为一个例子来说明美的体验对我们的积极影响。她的中心观点是，要体验并从中学习，我们一定会在某种程度上迷失自我；加拉格尔就是一个很好的例子，证明了这一命题的有效性。

雷利通过坚决地表演自己而不是麦克白的版本，坚决抵制与莎士比亚的戏剧诗歌的任何接触，他决不会将自己从自己严密保护的身份认同暴政中解放出来，从而避免面临任何不同的可能性。他的单人秀，既没有给老师与同学搭档空间，也没有给麦克白空间。这并不是说他是一个坏人，也不是说他在某种道德情感上有缺陷；这只是简单地陈述一个非常明显的事实。

其原因可能多种多样。青春期是自我意识敏感期，年轻人在定义自己属于谁或团体时需要宣称自己的自主权。我们可以猜测，雷利通过不断扮演诙谐、反叛和颠覆性的角色，在朋友中保持他的社会资本。另一方面，我们可能会遵循目前的问责制做法，指责老师没有采用恰当的教学方法，也没有保持足够强的纪律。或者我们可以扩大我们的猜测范围，将课程的政治性建构考虑在内，用迈克尔·阿普尔（Michael Apple）的话来说，什么才算"官方知识"[1]，在莎士比亚文化身上看到一种文化的象征（icon），雷利和许多像他一样的人，不仅对这种文化冷漠，而且怀有敌意——以一种类似于弥尔顿的伟大反叛者的方式怀有敌意，反叛者在夏娃那里看到了一种永远不可能是他的世界的一部分的美，因此感到不得不摧毁它。如果是这样的话，那么雷利会以一种与凯里笔下的中国农民对默多克的红隼的反应相似的方式看待莎士比亚的——将其视为威胁而非美的来源。所有这些都可能在雷利的拒绝中发挥作用，但我认为，问题的核心是身份认同（identity）问题，不

1　Michael Apple, *Official Knowledge: Democratic Education in a Conservative Age*, 2nd ed., New York: Routledge, (2000).

能完全归结为阿普尔将其与许可的文化权威滥用联系在一起的问题[1]。

正如我们所看到的,美作为经验激发了爱和钦佩,而不是一种被排斥的感觉。尼哈马斯告诉我们,在这个热烈的层面上,我们正处在一个复杂的欲望过程中;渴望拥有但也被美的对象所拥有,在那里美与爱之间的柏拉图式联系最为明显。这是一个我准备让某人或某物而不是自己,来塑造我的欲望的时刻。如果我爱你,尼哈马斯建议道:

> 我不会带着固定的自我感(a settled sense of myself)来靠近你,不会把我的计划、我的愿望看作理所当然……相反,我希望把它们暴露给你时,我期待它们——我希望它们——改变。我希望你能让我许未曾许过的愿,给我现在我甚至无法想象的东西。[2]

就像爱一样,美也如此,这与康德的无利害性相去甚远。默多克暗示,在一次与美的邂逅中,我不是保护我的身份认同,而是承认它将在某种意义上得到改变。我不仅承认它,而且渴望它。这种语言不太符合目前主导身份话语的承认政治(the politics of recognition),但出于意识形态的原因而抵制美就是剥夺了我们自己找到新乐趣的可能性,而这些新乐趣是学习过程中不可或缺的[3]。除非我们能够或准备给我们身份认同的限制松绑,否则我们无法体验美,也无法从美中学习。我们需要拥抱它们的流动性,而不是赞美它们的固定性。

1　Ibid., Chapter 3, pp. 42 - 60.

2　Alexander Nehamas, *Only a Promise of Happiness: The Place of Beauty in a World of Art*, Princeton, NJ: Princeton University Press, (2007), p. 57.

3　This argument is not unlike the one made by Germaine Greer on behalf of women in her book *The Boy*, London: Thames and Hudson, (2003).

约翰·伯杰(John Berger)为我们提供了一个与美的热烈相遇的例子，这有助于进一步将其与身份认同的联系理论化。在他的短文《田野》(Field)中，他有时不得不在开车回家的路上田野旁边停下来，标题中的"田野"指的就是这片田野。在详细地描述它时，他总结道："突然，一种无利害性观察体验在其中心打开，并产生了一种完全属于你自己的幸福(happiness)。正在你面前的田野似乎和你自己的生活有相同的比例。"[1] "无利害性的观察"可能带有康德的回声，但它不是这里的体验的核心，只有当它打开并转化为激情，并由此产生类似于爱的幸福与喜悦时，它才会变成一个经验。这是默多克定义"无我化"(unselfing)的一个明显的例子，但我们在这里特别感兴趣的是它的空间类比，因为它为我们提供了一个隐喻，借此我们可以找到一个适当考虑身份的美的经验的定义。我们可以假定，美位于个体体验和所考虑的对象之间的表现姿态(the expressive poise)中，当两者都处于平衡或和谐时。[2] 这不是一个简单的二维概念。回到我个人的例子，其姿态在我15岁时的身份与鲍勃·迪伦的歌曲和个性形象之间。我的天真的理想主义，我的音乐基础知识，我年轻时的性特征，和歌曲本身的音乐与诗歌以及表演者的形象和年龄，都是那种经验的一部分。这种平衡是主体和对象之间接触的基础，如果没有它，任何"无我化"过程都不可能发生。我们迷失了自我，在自己身上找到了与我们的生活相一致的新感觉。

我在这一章开头提供的例子中，只有菲利普·普尔曼这个例子在学校环境中发生。我怀疑这位老师是否意识到他所受到的深度影响。老师可能无法为顿悟做计划，不可否认，美具有难以捉摸、令人惊讶和强烈的个性，但

---

1 John Berger, 'The Field', in *About Looking*, London: Writers and Readers Publishing Co-operative, (1980), pp.197 – 198.

2 This defi nition is taken from Fred Inglis, *Popular Culture and Political Power*, London: Harvester, (1988), p.78.

在教导方式上,教师可以使它们或多或少有可能发生。如前所述,存在着那些反复出现的、更频繁的审美体验,它们具有压倒性的美的体验的特质,尽管形式不那么强烈。我们可能被一些神秘但迷人的东西感动、触动、对之突然兴奋不已与着迷,踏上我们希望继续的发现之旅,去那些我们渴望重温和进一步探索的地方。如果我们要把通过美来学习的潜力带到课堂上,那么我们需要在经验本身中找到指导我们教学的基本原则,那么这些原则可能是什么呢?

首先,这样的教学不能依赖美的对象本身——无论是在莎士比亚的戏剧片段中,在几何定理中,在蒙德里安(Mondrian)的画作中,还是在佛陀生平片段中。教师必须同等重视班上学生的表达能力,因此她需要对此感兴趣并意识到这一点。这超越了他们的读写能力,包括他们的好恶,他们的性别、社会阶层和文化背景所提供的审美机会,他们在学校内外的审美兴趣和品位等等。其次,她必须有能力尽可能地使学习对象与这些表达能力相匹配;换言之,她需要找到方法,让美的对象与学生的生活联系起来。这一点隐含在经常被引用的观点中,即优秀的学科老师会激发学生对自己学科的热爱——这导致了我们的第三点:老师必须自己对她所教学中的美做出反应。第四,教学本身必须关注那些我们认为是美的体验不可或缺的特征——例如,惊奇的可能性,以及需要帮助学生通过放松他们的日常身份暴政(tyranny)的策略来忘记自己。第五,教师必须为具备类似济慈所说的"消极能力"的生活做好准备——"能够安于不确定性、神秘性、怀疑性,而不急于弄清事情与原委。"[1]——尽管这与当前占主导地位的问责制做法背道而驰。除了这些原则之外,我们还可以再补充一点:教师需要允许不同形式

---

1 Keats defined his theory of negative capability in his letter to George and Thomas Keats in 1817.

的模仿（replication），让学生以不同的方式来回应和交流他们美的体验。佛陀生平的一段插曲可以表现为一件艺术品；几何证明可以表现为五颜六色的壁饰；蒙德里安的一幅画可能会激发故事灵感，就像谭西恩（Sean Tan）的精彩著作《红树》（*The Red Tree*）一样。[1]

最后一点很重要，正如伊莱恩·斯凯瑞所坚持的那样，美总会有她所说的"一种对模仿深度有益的动力"[2]。得益于慷慨，这是一种邀请他人与我们分享经验的冲动。有时这可能包括直接模仿，就像我在唱歌写歌时所尝试的那样；有时是一种分享原作经验的冲动，比如当我把鲍勃·迪伦的歌曲和录音介绍给我的朋友们时。对约翰·伯杰来说，模仿的冲动在一篇文章中表达了出来，但也许我们大多数人模仿美的经验最常见的方式是与我们重视其好意见的人谈论它。重要的是，欣赏和创造，杜威所区分美的审美体验和美的艺术体验，是一体的，而不是分开的；因为欣赏导致了一种交流和模仿的欲望，这本身就是创造性的行为。

约翰·拉斯金与技术的局限

如果美的体验同样取决于个人与美的对象和谐相处的表现力，那么它不必依赖于高水平的近乎完美的特定技能。八岁小孩的舞蹈可以跳得很美，只要它不试图模仿古典芭蕾舞的完美；七岁小孩子的歌可以唱得很美，但没有一个清醒的老师会和他们一起排练哈利路亚合唱。关于美、创造力和完美的外表之间的关系，约翰·拉斯金有一些非常有趣的看法。当他还

---

1 Piet Mondrian's painting *The Red Tree* is exhibited at the Haags Geemensmuseum, the Hague. Sean Tan's picture book *The Red Tree* is published by Simply Read, Vancouver (2003).

2 Elaine Scarry, op. cit., p.6.

是个年轻人的时候,他参观了威尼斯,并被哥特式总督宫的复杂表现力所打动,在那里,他注意到,我们都不知道的个体石匠,是如何在每根柱子的不同雕刻、复杂的砖图案,甚至在他们放置每个窗口不同的水平上,留下了自己的创造性身份的印记。对拉斯金而言,这是一座美的建筑——他称之为"世界的中心建筑"——因为它反映了自然美微妙而多变的样式(patterns)[1]。相对于古典的规则性、平衡性和对称性,它并不是完美的,但它是人道的,因为在建造过程中,石匠并没有被当作预先规定的计划的奴隶,在这个计划中,他们每个人都必须完美同步地完成匿名的作品。然而,他在圣马可广场总督宫殿对面的文艺复兴时期的博物馆里确实看到了这一点,并对此深表遗憾。对他而言,完美的匹配,细长的柱子以及设计与执行中明显而又精确的对称性,没有一块砖头放错位置,这是一种不人道的文明迹象,把秩序和遵从(conformity)的美德置于个人创造性表达和劳动力共同人性之上。

拉斯金在威尼斯看到了与维多利亚时代的英国以及工厂和车间中盛行的无情的机械化过程的直接类比,这与哥特式石匠所享有的充满活力的创作自由形成了鲜明的对比。他写道:"人们不想用工具的精准性来工作,也不想在所有的行动中作到精确和完美。让(他们)开始想象,思考,尝试做任何值得做的事情,发动机转动的精度就立即消失了。"[2]拉斯金指出,不完美是生命的重要组成部分,也是自然不可或缺的一部分:"所有生命,都存在着某些不规则和缺陷,这些不仅是生命的标志,也是美的源泉。"[3]他认为,任何好的作品都不可能是完美的,要求完美就是误解了艺术和美的本质。

1　John Ruskin, *The Stones of Venice*, London: Faber, (1981). First published in 1853. This edition edited and introduced by Jan Morris.

2　John Ruskin, 'The Nature of Gothic', from *The Stones of Venice*, vol.2, Selected Writings, Oxford: Oxford University Press, (2004), p.41.

3　Ibid., p.49.

理查德·桑内特认为拉斯金的观点不仅是对猖獗的工业化的浪漫反应，还是对围绕着帕格尼尼（Paganini）和李斯特（Liszt）等演奏家的新崇拜的浪漫反应。这些演奏家通过达到英雄般技艺高度而获得了一种美德，相比之下，这只会削弱业余观众的感受。在描述这种精湛的技艺对成群结队前来观看的业余表演者的影响时，桑内特有趣地使用了崇高的语言：

> 这位演奏家在舞台上的崛起与音乐厅的沉默和静止不谋而合，观众通过其被动对艺术家表示忠诚。这位演奏家令观众震撼与敬畏。作为交换，演奏家释放了听众的激情，一种观众用自己的技能无法产生的激情。[1]

他认为，拉斯金将这位演奏家的概念从音乐厅转移到了工程作品上，目的是批评他所认为的压迫性做法（oppressive practices）。桑内特认为，坚持反对机器的进步，而不是拥抱它们的解放潜能，创造了一个工匠"目中无人但注定失败"的神话，是代表他自己的一种错觉。

桑内特的思想与现代主义观点相呼应，现代主义使拉斯金的这些看法显得过时且天真。由于现代主义充斥着现代性的希望、梦想和噩梦，拉斯金的观点被认为是无可救药的中世纪和浪漫主义。但现在，正如艺术评论家马修·科林斯（Matthew Collings）所指出的那样，现代主义的梦想已经消逝，拉斯金的观点再次表达了我们当代的担忧[2]。对于工业革命的压力，请看看全球化的压力；对于机械化的一致性，请看看企业管理主义的一致性。如果拉斯金专注于自然，专注于我们找到更贴近自然节奏的生活方式和我

---

1 Richard Sennett, *The Craftsman*, London: Allen Lane, (2008), p.116.

2　In the Channel 4 series *This Is Civilisation*, broadcast on 8 December 2007.

们欲望的塑造方式的需要,那么这与我们面临的最紧迫的挑战密切相关,我们需要改变我们的生活方式,为了纠正我们在自然和经济方面对地球的伤害。

正如拉斯金所言,美与技术卓越并不一致,技术卓越本身是不自然的;如果我们错误地把美限制在技术和精湛技艺的观念上,那么我们就会使它越来越远离普通的实践,并且没有认识到它作为经验的价值和本质。用科林伍德的话来说,"手段与目的或技术术语……是不适用的……表达是一种无需技术的活动"。[1] 技术最娴熟练的吉他演奏不一定是最美的;美的核心总有一些神秘之物,美或多或少包含着不是技术的东西。拉斯金抨击了将技术的完美与美混为一谈的错误,实际上,这造成了体验和对象之间的割裂,将美定位为后者的属性(preserve),而不是在它和体验主体之间的表现姿态。这种倾向很容易与技术主义基本意识形态相吻合。技术主义主导着当代教育思想,反对学生与教师的个人创造性表达,拉斯金认为这与他那个时代工厂工人的状况相呼应。

技术主义源自管理理论,认为技术和技能在摆脱目的和意图时是可应用的。这不仅会打击他们的士气,还会破坏认识者和认识内容,学习者和学习内容之间的关系。所谓的灵活性、读写能力、计算能力与批判性思维等技能必然被定义为所教内容之外的东西。它们被强调为满足竞争激烈、全球化世界的现实所必需的,从而服务于由经济需求所主导的道德和社会愿景,这是拉斯金在他自己的时代所认识到并强烈反对的。即使是创造力,如此明显的是美的概念盟友,也被工具主义的语言所挪用[2]。美涉及学习者与正在学习的内容之间深刻的情感联系。与美不同的是,以技能为基础的课程

---

1   R. G. Collingwood, op. cit., (1958), p.111.
2   For an examination of this tendency, see David Hartley, 'The Instrumentalisation of the Expressive in Education', *British Journal of Educational Studies*, vol. 51, no. 1, (2003), pp.6 – 19.

建立在两者之间的绝对割裂之上。因此,例如对莎士比亚的教学采取技术主义的方法,会将其简化为一系列需要学习的要点,由教师以目标的形式列出,这些目标的达成必须是可见的,以便被记录被评估。这里的危险在于,"纯粹行为"的不一致性将取代实践经验的一致性,因此几乎不可能获得真正的知识。这是一种非常普遍的危险,因为当代教育的问责制结构鼓励着课程规划和教学的这些特点蓬勃发展是以牺牲美为代价的。

美的脆弱性

美关乎脆弱,也关乎正在消逝着的事实。[1]

本章,我始终强调了美的充满活力的潜能、希望及其未来方向。但美也有一种脆弱性,我们经常在它身上发现一种悲伤,这种悲伤是由它不断失去的可能性所激起的。萨特韦尔解释了这一点,他认为美取决于我们存在的时限性及其固有的死亡。用他的话来说,"美因时间(temporality)而成为可能,损失因时间而不可避免"[2]。

对于我这一代的英国老师来说,默多克的红隼不可避免地会让人想起比利·卡斯珀(Billy Casper)的故事,这个小男孩是巴里·海恩斯(Barry Hines)的小说《小孩与鹰》(*A Kestrel for a Knave*)和他的密友肯·洛奇(Ken Loach)的电影版本《凯斯》(*Kes*)的主角[3]。比利是住在约克郡一个矿业小镇上的单亲家庭的小儿子。他在学校和家里都不开心;一方面,他被视

1 Germaine Greer, 'Our Spirits Rose because We Had a Visitation of Spring', *The Observer*, 22 March 2009, p.29.

2 Crispin Sartwell, *Six Names of Beauty*, New York: Routledge, (2004), p.150.

3 Barry Hines, *A Kestrel for a Knave*, Harmondsworth: Penguin, (1969).

为失败者，另一方面，母亲对他漠不关心，哥哥也欺负他。但当他发现一只受伤的幼鹰时，它就成为了他生活的中心；他关心它，并从当地图书馆找到的关于养鹰术的书籍中学习如何训练它。他的一位老师非常关心他的幸福，对他产生了兴趣，这位老师足够开明，在放学后的一个晚上去观看他养鹰的技巧。他对自己所看到的既惊讶又印象深刻。

在故事的这一点上，比利和凯斯的关系似乎例证了伊莱恩·斯凯瑞关于美是拯救生命（beauty is life saving）的观点。她引用了奥德修斯遭遇海难，与瑙西卡（Nausicaa）绝美的风景面对面时的一句话："我看着你，一种惊奇感把我带走了。"[1]和奥德修斯一样，比利在那之前的生活是"一场漫长的战役……注定艰难"[2]。凯斯是比利的瑙西卡，因为通过这只小鸟之美，他的生活变得"更生动，更活泼，充满活力，富有价值"[3]。但斯凯瑞的颂词（eulogy）附带了一个重要的限定词。她写道："像一只小鸟，美……有一种脆弱的灵韵（aura）。"它是"厄运可以摧毁的真正珍贵的东西"之一[4]。一天晚上，比利回到家，发现凯斯死了。比利的哥哥为了报复比利没有为他下注赌一匹获胜的马，折断了它的脖子。看来，在他生活中，无论校内还是校外，都没有比利所发现的美的持久之地。

最近，另一个以约克郡为背景的虚构故事，艾伦·贝内特（Alan Bennett）的《历史系男孩》（*The History Boys*），进一步探讨了美作为主流学校教育价值的脆弱性。故事发生在 1982 年，讲述了一所文法学校的 8 名六年级学生的故事，他们的 A 级考试成绩显示出了非凡的希望，并有可能为该校的牛津大学剑桥大学录取记录创下历史新高。兴奋中，校长聘请了一

1　Elaine Scarry, op. cit., p.21.

2　Ibid., p.22.

3　Ibid., p.24.

4　Ibid., p.8.

位年轻的老师欧文(Irwin),来训练他们如何通过入学考试和面试的技巧。欧文向孩子们展示了如何提出一个他们不一定相信的论点,但这能使他们从候选人中脱颖而出。真理,在这个意义上讲,并不重要;历史知识只是达到目的的一种手段。入学考试是一场游戏,重要的是男孩们要学会如何能赢。

与欧文形成鲜明对比的是赫克托尔(Hector),一位年长的英语老师,他的课程没有遵循课程指南,也没有工具性目的。他斥责考试是"教育的敌人"[1],并得意地自嘲地宣称自己的课是"浪费时间",为孩子们提供了"无用的知识"。他的课是即兴创作的,并响应了他们的建议。课堂上,音乐和歌唱很常见,诗歌点缀着对话,男孩们像老师一样自由地引用诗歌。欧文哄骗他们在文章中用这种能力给人留下深刻印象,但男孩们一开始很反对:"赫克托先生的东西不是用来考试的,先生。这是为了让我们的人类更加全面发展(rounded)。"[2]然而,最后,他们听从了他的建议,学习聪明而不是真诚,使用他们"用心学习"的诗("这是他们的归属",赫克托补充道)作为"方便的小语录,可以用来表达观点"[3];因此,他们每个人都在牛津剑桥大学获得了自己的一席之地。然而,赫克托尔在极具讽刺意味的情况下突然去世,使他们返校庆祝活动很快沉寂了下来。赫克托尔骑摩托车载着欧文回家时,发生了车祸;当他们拐弯时,欧文身子向错误的方向倾斜,摔断了腿,活了下来。

这出戏充满喜剧色彩、复杂,一点也不说教,但它可以被解读成两种对立的教育方式之间的对抗;尽管故事发生在 1982 年,但它所关注的问题却

---

1 Alan Bennett, *The History Boys*, London: Faber and Faber, (2004), p.48.
2 Ibid., p.38.
3 Ibid., p.48.

是生动的、同时代的。赫克托尔体现了为教育而教育的自由教育传统,这是一种回避考试,将知识视为自身回报。正如校长所言,"这并不是说他没有产生结果。他做了,但它们是不可预测的,无法量化的,在当前的教育环境下是没有用的"。[1] 因此,赫克托尔——正如他的名字所暗示的那样——属于一个失败的、英雄主义的,也许是神话般的过去。在戏剧的结尾,他简直就是历史本身,他的死亡是由他的意识形态对手的对立倾向造成的(沉重的象征意义被其滑稽的讽刺所拯救)。因此,未来属于欧文,他显然不会在教师行业待太久,很快就进入新闻行业,最终成为一名政治家。通过他对历史真理的实用而非道德的方式,人们可以很好地看到他的魅力、聪明和为现代政党服务的才能。更广泛地讲,他代表了后现代的专业人士,通过展示效率而不是忠诚来推进他的职业生涯,并根据他所达到的目的而不是他为达到这些目的而使用的手段来判断。[2]

然而,正是赫克托尔这个注定要失败的角色主导了这部剧,并赋予了它灵魂。就像罗斯坦德(Rostand)伟大喜剧中的西拉诺·德·伯格拉克(Cyrano de Bergerac)一样,赫克托尔虽其貌不扬,但很有语言天赋,他徒劳地爱上了身体之美,表达了优美的对白,这与他对他教的男孩的单相思的悲情形成了鲜明对比。在戏剧的中点,在校长要求他辞职后,紧接着出现了一个非常感人的场景。赫克托尔独自坐在教室里,这时一个叫波斯纳的学生进来了,显然是为了辅导。他选择了哈代(Hardy)的一首诗《鼓手霍奇》(*Drummer Hodge*)来学习,这首诗讲述了 19 世纪末一位年轻的英国男鼓手在非洲一次战场上死亡的故事。波斯纳背诵了这首诗,赫克托尔解释了为什么他觉

1   Alan Bennett, *The History Boys*, London: Faber and Faber, (2004), p.67.
2   See Alasdair MacIntyre, *After Virtue: A Study in Moral theory*, London: Duckworth, (1985), Chapter 8 for a critique of contemporary management theory.

得它特别感人：

> 重要的是，他（鼓手）有个名字……在此之前，士兵，不管怎样，私人士兵都是默默无闻的士兵，远远没有受到尊敬。19世纪有一家公司，在欧洲的战场上清扫他们的头骨，以便磨成肥料。所以，虽然他可能被扔进了一个普通的坟墓，但他仍然是鼓手霍奇。丢失的男孩，虽然他在世界的另一端，但他仍然有一个名字。[1]

战场在一定程度上隐喻了赫克托尔抵制的教育，这种教育与其说是从自由主义的角度把年轻人视为性格有待培养的个人，不如说是从功利主义和技术主义的角度来说，把年轻人视为肥料，对国家整体福利的百分比贡献，视为可以提升学校在当地声誉的成就统计数据。在场景结束时（这也是课的结尾），赫克托尔评论道：

> 阅读中最美好的时刻是当你邂逅一些对你来说特别的东西——一种思想、一种感觉、一种看待事物的方式。现在它在这里，由他人设定，一个你从未见过的人，一个早已死去的人。就好像有一只手出来夺走了你的手。[2]

这是一种与今天我们学校的主流教育理念截然不同的教育理念。在这里，教育不是技术目标、既定目标和对一般技能的强调，而是设想为是现在的学习者和过去的成就之间的一种对话。像所有好的对话一样，它的内容不能

1　Alan Bennett, op. cit., p.55.
2　Ibid., p.56.

完全预先结构化,也不能期望它有容易定义的目标,从而形成一个预先确定的结论;我们不会出于这些目的进行对话。一场对话应有焦点,应转移到不同但相关的领域,应为所有相关方提供参与与塑造的空间。如果值得的话,应该提供一种非常人性化的满足;一种陪伴的感觉,一种度过美好时光的感觉;一种我们乐于离开并思考在内心挥之不去的东西的感觉。这样的一个教育隐喻,确实为美腾出了空间。[1]

后续阶段方向非常重要。他伸出他的手,似乎有一瞬间波斯纳会去接,甚至赫克托尔可能会把它放在波斯纳的膝盖上。但那一刻过去了。那一刻虽然已过去,却是一个美丽的时刻,尤其是当回顾这部戏剧的结局时。此时,我们已经了解到波斯纳是赫克托尔的学生中唯一一个"真正把一切都放在心上"的学生,他"记得所教过的一切"[2]——在电影版本中,我们得知他后来成为了一名教师。赫克托的话语结束了这场戏剧,这些话语为师生相互伸手(reaching)行为带来了更多的共鸣:

> 传递包裹。
>
> 有时候这就是你能做的。
>
> 接受它,感受它,然后传递下去。
>
> 不是为了我,不是为了你,而是为了某个人,某个地方,某一天。
>
> 传下去,孩子们。
>
> 这就是我想让你学习的游戏。

1　I take this metaphor of conversation from Michael Oakeshott's essay 'The Voice of Poetry in the Conversation of Mankind', in *Rationalism in Politics and Other Essays*, London: Methuen, (1962), and from Alasdair MacIntyre, op. cit., pp.210–211.

2　Alan Bennett, op. cit., p.108.

把它传下去。[1]

　　赫克托尔的游戏与欧文的游戏迥然不同；对欧文而言，教育是达到目的的手段，对赫克托尔来说，教育本身就是目的，它在共同善中结束并作为共同善而终结。这是一个脆弱的，也许注定要失败的模式（model），因为它抵制量化，并且只准备在一个学生真正受到上课内容影响的情况下看到一个有价值的统计数据，将其美铭刻于心。

　　虽然剧中从未使用"美"这个词，但涉及许多美，被编织在戏剧创作的男孩不断背诵的诗歌片段，他们演奏和演唱的流行音乐，他们的年轻，表达的清晰与活力，温暖的关系，波斯纳对一位同学温柔的单恋以及赫克托尔之死的悲情中。校长一口气提到了柏拉图、王尔德和普鲁斯特（Proust），他蔑视他们的同性恋，但也暗示他们对美高度重视。赫克托尔通过他的教学方式和他追求的教学理念来和谐安排（orchestrates）这种美。贝内特（Bennett）称这部剧"伤感而不现实（sentimental and unrealistic）"——在某种意义上确实如此[2]。校长的催促和命令，与当代教育话语十分契合。与此对比，我们想起了在整部戏剧中赫克托尔对虚拟语气的热爱；例如，在早期的场景中，当男孩们说法语时，他坚持要求他们只用虚拟语气说话。虚拟语气是指可能性、偶然性和假设的情绪，是不确定性的情绪。这种情绪与今天的学校的压力不太吻合。如果选择是非此即彼，那么学校取得可见的、有社会价值的考试成绩的必要性总是战胜一种更理想主义但公开不确定的愿景，就像《历史系男孩》中所做的那样。这部戏的美妙之处在于，它成功地庆祝了男

1　Alan Bennett, op. cit., p.109.

2　In an interview with Melvyn Bragg on The South Bank Show, screened in the UK on the Sky Arts Channel in February 2008.

孩们的成就,也庆祝了在这个过程中失去的东西——在这个教室里,一个注定要失败的老师,就像拉斯金的工匠一样,把美作为他的愿景的中心。考虑到这部戏剧和电影的大众吸引力,赫克托尔的强烈反抗和最终的死亡对许多观众和被它感动的人产生了深刻的影响。

结语

尽管我有作为一名音乐演奏者的经历,但在我当老师和校长的这些年里,我从来没觉得教音乐很安逸。如果有人叫我为同事代上音乐课,我更意识到自己的局限性。我几乎不识谱,不会弹钢琴,觉得课堂上只会带领唱歌和一些非常基本的高音打击乐工作。然而,在我担任中学校长的最后一年,我面临着一场危机,因为一个充满活力的音乐老师离开了,取而代之的是一位能力差得远的老师,他只能兼职教学。我知道一小群 7 年级和 8 年级女孩歌唱得特别好,还有一个 6 年级的男孩精通键盘弹奏,像我一样,用耳朵演奏,识谱很吃力。一次午餐时间,我把他们聚在一起,提议我们组成一个小乐队,我作弹吉手。我们的约定是,我教他们和声唱法,而且我选择每一首歌,他们都可以选择自己的一首让我们学习。

结果超出了我的预期。女孩们太棒了,我们很快就开始创作复杂的三声部和声的歌曲,而男孩很快学会曲调和节奏,一首歌我只需演奏一遍,他就能找出伴奏。这是一次我非常熟悉的经历,就像回到乐队,排练新节目一样。我们举行了许多演出——在学校音乐会上,在学校宴会上,在郡演出上。我们在家长教师协会(PTA)的年度晚宴舞会期间表演,甚至被邀请到邻近的一些学校演奏。

年底,我们在当地的一家录音棚待了一天,把我们最喜欢的六首歌曲剪成 100 盘磁带。这些产品在两天内全部售出，并以固定的价格支付成本。夏季学期的最后一天，在学校里四处走动，大多数教室都能听到播放的磁带。最喜欢的歌曲似乎是我们版本的手镯合唱团的《永恒的火焰》（*Eternal Flame*），可以看到一群年轻的女孩跟着它唱，模仿女孩们的动作习惯。然而，我自己最喜欢的，曾经是、现在仍然是多诺万的《曼陀林人和他的秘密》（*The Mandolin Man and His Secret*）。女孩们唱得如此美妙第一行澎湃的和声仍然美得让人窒息。

就像《凯斯》和《历史系男孩》一样，死亡标志着这段快乐时光的结束。然而，没有什么比这更悲惨的了；这所学校死亡了，它是地方当局重组以及他们计划与附近的第一所学校合并的受害者。我对重新申请我的工作的前景并不乐观，如果成功了，我将面临解雇一半现有员工的任务。所以，年底，我离开了学校，开始从事教师教育工作。据当地报纸报道："温斯顿先生将离开乐队，去西米德兰兹郡开始新的职业生涯。"这是我最接近音乐名声的一次。

我和乐队的前成员保持大约一年左右的联系。其中四个女孩上了当地的高中，她们的名声先于她们。她们一到学校，就被一群 11 年级的男孩邀请去唱歌，作为他们的音乐 GCSE 项目的一部分。几年后，我偶遇到他们中的一个。她的父母已经离婚了，她现在和父亲住在另一个城镇，学习中学六年级（the sixth form）的科学。她告诉我："我们还在播放我们的磁带。"她和乐队的其他成员现在都快 30 岁了，我不知道他们在生活中做什么，也不知道音乐在他们生活中作用如何。但是，对我来说，那盘小磁带是我多年教学中的珍藏之一，也是我听到或读到赫克托尔在《历史系男孩》结尾的台词时总会起：

传递包裹。

有时候这就是你能做的。

接受它,感受它,然后传递下去。

第四章　美、教育与美好社会

美与关爱的美德

让我们在男人、女人和孩子们身上——在我们花园和房子里——尽情地培养（美）。同时，也让我们热爱另一种美吧，这种美不在于比例的秘密，而在于人类深切同情的秘密。[1]

四十年前，艾里斯·默多克提出了一个强有力且颇有影响的观点，即任何计划的核心问题都是："我们如何才能让自己变得更好？"她认为，康德哲学强调义务（duty）"指向正确行动的自尊的纯粹意志"，是对这个问题的道德驱动力（moral thrust）的不现实和不充分的回应，因为它忽略了人类一些最深刻的需求[2]。普通人凭直觉就知道，心灵之纯净和精神之温顺的精神状态创造了她所说的"行动的基因背景"[3]他们也知道，如果他们想要获得更好的意识水平，他们就需要帮助，这可能会为"善行提供能量，否则是不可能的"[4]。这种能量曾经被普

1　From *George Eliot Adam Bede*, London: Penguin Classics, (2008), p.196.

2　Iris Murdoch, 'The Sovereignty of Good over Other Concepts', in *The Sovereignty of Good*, London: Routledge, (1991), p.83.

3　Ibid., p.83.

4　Ibid., p.83.

遍认为是由宗教提供的，例如，祈祷的形式，但默多克认识到，在一个世俗的时代，任何能够成功地将意识朝着无私的方向改变的东西都应该与美德有关。她提出，在我们的环境中，帮助我们这种"无我化"最明显的东西是美，并提醒我们，正如柏拉图所指出的，美是我们本能所爱的一种精神品质。她的结论是——享受美的教育是"对美德之爱的训练"[1]——大胆地重申了适合世俗时代的新柏拉图主义传统。

尽管默多克的论点与后来女性主义对美的评论背道而驰，但它是在面对后来的女性主义对美的评论时提出的，但它预示着后来的安妮特·拜尔（Annette Baier），南希·乔多罗（Nancy Chodorow）和玛莎·纳斯鲍姆（Martha Nussbaum）等哲学家对道德理论的重新评价[2]。这种重新解读的一个关键里程碑是卡罗尔·吉利根（Carol Gilligan）在 1981 年出版的《不同的声音》(*In a Different Voice*)对女孩和年轻女性的道德思想的重要研究，她在该研究中对比了男性和女性对同一道德困境的不同反应[3]。她曾经的研究合作者，劳伦斯·科尔伯格（Lawrence Kohlberg），提出了一种基于理性和正义首要原则的普遍道德发展理论。这方面，他深受约翰·罗尔斯（John Rawls）的《正义论》(*A Theory of Justice*)的影响，这本书就是根据康德主义道德传统写成的。默多克对这种传统进行了批判[4]。吉利根从她

1　Iris Murdoch, 'The Sovereignty of Good over Other Concepts', in *The Sovereignty of Good*, London: Routledge, (1991), p.86.

2　Annette Baier, *Moral Prejudice: Essays on Ethics*, Cambridge, MA: Harvard University Press, (1994); Nancy Chodorow, *The Reproduction of Mothering*, Berkeley: University of California Press, (1978); Martha Nussbaum, *Love's Knowledge*, Oxford: Oxford University Press, (1990); Martha Nussbaum, *Upheavals of Thought: The Intelligence of the Emotions*, Cambridge: Cambridge University Press, (2001).

3　Carol Gilligan, *In a Different Voice: Psychological Theory and Women's Development*, Cambridge, MA: Harvard University Press, (1982).

4　Lawrence Kohlberg, *The Philosophy of Moral Development: Moral Stages and the Idea of Justice*, New York: HarperCollins, (1981); John Rawls, *A Theory of Justice*, Cambridge, MA: Harvard University Press, (1971).

收集的数据中看到,男性和女性对摆在他们面前的道德问题往往有不同的看法;尽管女性更关心道德困境的特殊性和关系方面——特别是特定行动过程的情感后果——男性则更关注行为准则、公平和绝对道德原则问题。最后,她提出了一种"关爱伦理",作为对科尔伯格的正义道德的制衡;如果正义视角强调理性、自主和公民社会,那么关怀视角则强调个人在公民社会和家庭环境中对依恋和相互依存关系网络的情感需求。正如安妮特·拜尔所认识到的那样,吉利根的论点表明,我们模糊了公共美德和私人美德之间的界限,并提倡"男性与女性道德智慧的结合",以抵制性别化思维可能扭曲或限制道德行动的方式[1]。

温迪·斯坦纳帮助我们将女性主义道德理论与美的潜力联系起来,以发展传统上在与女性情感相关的环境与活动中表现得最为明显的美德。这些实践的最佳特点是美德,一种我们将其与关心和依恋联系在一起的美德,比如爱、宽容、信任、温柔、同情、快乐、耐心等等。正如我们所看到的,斯坦纳强调了妩媚、伤感和同情美学中她所谓的"柔性"(softer)价值的意义,并将其描述为"人类存在的共同价值和快乐"——这些价值已经被康德理论贬低了[2]。家庭活动的美学,如装饰一个孩子的卧室(或早年的教室,也许),准备和烹饪食物,园艺、制作和赠送礼物都体现了一系列特定的家常美德。斯坦纳指出,这些美德可以用"美"的柔性价值而非"崇高"的超然和令人敬畏的品质来识别。

虽然我们认为这种概念二元论可以被挑战,但它反映了吉利根所概述的关爱视角与正义视角的不同性别倾向。崇高的美学和正义的视角都与自主和超然的品质,以及对比我们自己更伟大的力量和法则(principles)的钦

1　Annette Baier, op. cit., p.32.

2　Wendy Steiner, *The Trouble with Beauty*, London: Heinemann, (2001), p.6.

佩、尊重和恐惧的情感有关。与之相反,美的美学和关爱的视角则以情感依恋、相互依赖和人类同情的美德为中心。正如吉利根和拜尔强调关爱这种美德的重要性一样,斯坦纳敦促我们优先考虑美的更女性化那方面,因为它们帮助我们与生活与"他者"(other)建立联系,而不是分离,并使我们认识和重视那些我们最关心的事情:"如果我们能发现在审美反应中形成的价值与相互性(mutuality)之间的纽带……这种快乐将被视为提升生活(life-enhancing),而非排斥与压迫。"[1]

花园是这些伦理价值和审美价值的关键隐喻——一个安宁安心的家庭文化的地方,我们在这里创造性地劳动,以培育和享受自然美,并看到它因我们给予它应有的关注和关爱而蓬勃发展。因此,难怪浪漫主义者将花园的耕种与孩子的教育紧密联系在一起,这些价值应该在那些经典的儿童故事中得到表达。在这些故事中,幼儿对关爱和美的需求成为了中心主题。弗朗西斯·霍奇森·伯内特(Frances Hodgson Burnett)的《秘密花园》(*The Secret Garden*)是一个深受喜爱的例子,年轻的孤儿女主人公玛丽·伦诺克斯(Mary Lennox)在学习看管和耕种秘密花园过程中茁壮成长变得更加自信。在此过程中,她与当地的男孩迪肯(Dickon)以及她那歇斯底里的表哥科林(Colin)建立了她人生中第一次关爱的关系,她对科林有着治愈和救赎的作用。通常,这些社会的和道德的益处超越了儿童的世界,也改变了与之接触的成年人的生活。在最后一章中,科林寡居的父亲独自穿越奥地利蒂罗尔山脉(崇高的美学是确定无疑的),自从他的妻子生下他儿子去世后,他一直处在哀悼妻子的悲伤中。像往常一样,他的心情是昏暗痛苦的,他没有意识到孩子们对他妻子如此喜爱的秘密花园的改造,也没有意识

1　Wendy Steiner, *The Trouble with Beauty*, London: Heinemann, (2001), p. xxiii.

到科林的恢复健康。他在一条小溪旁休息，多年来第一次被这个世界的自然美景所触动，感受到它提升生命的品质：

> 他坐着，凝视着阳光照耀的水面，他的眼睛开始看到生长在边缘的东西。溪边生长着一团可爱的蓝色勿忘我草，叶子湿漉漉的，看到这些，他发现自己看起来就像他记得多年前看到那样……"这是什么？"他说，像是在窃窃私语，然后把手放在额头上。"我几乎觉得——我还活着！"[1]

不久之后，他回到了英国，当然，他发现，通过花园的"神秘和魔法"——也就是说，通过它的美丽和魅力——他的孩子恢复了健康，家庭也重归了幸福。

在米歇尔·麦格里安（Michelle Magorian）的《晚安，汤姆先生》（Goodnight Mr Tom）中，年轻的被疏散者威利·比奇（Willie Beech）被迫交给一位性格孤僻的离群寡居者汤姆·奥克利（Tom Oakley）照顾[2]。当汤姆发现威利所遭受的情感虐待和身体疏忽，他对这个小男孩的照顾发展成了一种真正的父爱，男人和男孩都开始在这种新发现的相互依赖中健康幸福地生活。和早期的小说一样，花园成了威利健康成长与成熟所需养育的核心隐喻，象征着作为自然、文化和美丽交汇之地的家庭理想；或者，正如弗雷德·英格利斯（Fred Inglis）所说，"伊甸园……在那里文化超越了劳作，回归创造性"[3]。

---

1 Francis Hodgson Burnett, *The Secret Garden*, London: Wordsworth Classics, (1993), pp. 210 – 211.
2 Michelle Magorian, *Goodnight Mr Tom*, London: Kestrel, (1981).
3 Fred Inglis, *The Promise of Happiness: Value and Meaning in Children's Fiction*, Cambridge: Cambridge University Press, (1982), p.112.

这种童年与自然品质的浪漫结合是另一个很受欢迎的儿童故事奥斯卡·王尔德(Oscar Wilde)的《自私的巨人》(*The Selfish Giant*)的核心[1]。花园再一次成为主要象征。这次,孩子们被驱逐出花园,这一行动给花园带来了永久的冬天状态。只有当他们设法爬过巨人的围栏,再次开始在那里玩耍时,春天才会回来。看见鲜花再次盛开,听见红雀的歌声时,巨人的"无我化"明显发生了。这种儿童、自然与家庭生活的融合,标志着他从自私的困境中解救出来的时刻,可以开始再次分享有助于共同利益的生活。《自私的巨人》被不同地解读为英国在爱尔兰存在的寓言,以及王尔德对年轻男性同性爱恋的升华表达[2]。小学老师和孩子并不是这样来理解这个故事的,在那里,它往往被当作一个关于自私的道德故事。然而,它真正的教育力量,不在于它所展示的任何经验教训,而是在于它内在的美的品质,以及它所传达的同情与依恋(attachment)的柔性价值。这说明王尔德自己的原则,即"美的事物通过是其所是(by being what it is)来帮助我们"[3]。广受欢迎的作家格尔瓦伊斯·菲因(Gervaise Phinn)讲述,在担任督学期间,他目睹一女教师在故事高潮时如何泣不成声,一个六岁男孩如何轻轻从她手中接过故事书,并向全班同学大声朗读。他后来告诉菲因先生"当她读到那个故事时,我总是要那样做"[4]。王尔德自己也会理解:

他的儿子,维维安(Vyvyan)记录道,当他父亲大声朗读这个故事

1　There are many published versions of this tale. My personal favourite is a picture book version, illustrated by S. Saelig Gallagher and published by Hove, East Sussex: Macdonald Young Books, (1995).

2　See Jarlath Killeen, *The Tales of Oscar Wilde*, Bristol: Ashgate, (2007), pp. 61 – 78.

3　Oscar Wilde, 'The Soul of Man under Socialism', in *Selected Essays and Poems*, London: Penguin, (1954), p. 27.

4　I heard him tell this story in an address given to teachers in Exeter, UK, in October 2003.

时,他时常会哭:"西里尔(Cyril)有一次问他,当他给我们讲《自私的巨人》这个故事时,为什么眼中含着泪水,他回答说,真正美的东西总是让他哭泣。"[1]

毫无疑问,王尔德也会与普罗提诺建立一种联系;那正是这个故事的美所蕴含的道德力量触动了他们共同的人性。然而,遗憾的是,这个故事的价值很少用这样的言语来表达,因为这样做的表达方式在教育话语中根本不存在。如果没有这种表述,敏感的老师很可能私下里理解美在她实践中的力量,但缺乏公开谈论美的话语资源,从而发展和推广它。

美与早年好社会:一个案例研究

当美所体现和促进的美德本身是有价值的,这种美确实有自身的重要意义。遗憾的是,那些关注艺术的教育价值的政策制定者或评论家却不相信这种美。戈登·利德斯通(Gordon Lidstone)为英国左倾的公共政策研究所撰稿,他认为很难评估艺术的社会效益,但他用还原论的(reductive)技术官僚语言提出了自己的观点,这是我们这个时代的特点。我们被告知,那些从事艺术工作的人需要提供"长期投入(investment)的社会影响"的证据。[2]尽管他认识到"通过对结果的客观测量来确定价值"面临的困难,但他仍然强调,艺术有必要精确地做到这一点。[3] 他总结道:"在调查社会影响时,与其说是设定成就的基准,不如说是全面理解影响机制是如何工作的,并制定

1　Jarlath Killeen, op. cit., p.61.
2　Gordon Lidstone, 'Education and the Arts: Evaluating Arts Education Programmes', in John Cowling (ed.), *For Art's Sake?* London: Institute for Public Policy Research, (2004), p.42.
3　Ibid., p.51.

适当的测量模式。"[1]影响、基准、机制、测量,这种语言,尽管是典型的经济学的、实证主义的和管理的术语,反映了我们这个时代的主要假设,但它不仅仅是一种交流的技术手段;它也构建了道德边界,在这个边界内,不仅艺术,而且整个教育,今天正在被讨论、概念化和评估。正如麦金太尔(MacIntyre)告诉我们的那样,代表着我们这个时代的道德语言反过来产生了人类角色(human characters),他们以"道德上合法的社会存在方式"[2]来代表这个时代。换句话说,有些人来体现这种道德并制定它的原则。

几年前,我在英国西米德兰兹郡的一个城市郊区为学龄前儿童及其家长评估一个社区艺术项目。该项目名为《翡翠洞》(*The Emerald Cave*),由"确保开端计划"(Sure Start)和一家教育戏剧(TiE)公司合资经营,该公司定期在当地中小学巡回演出[3]。这是一个互动的、参与式的戏剧方案,供学龄前儿童和家长一起体验。一位专业的视觉艺术家积极参与了节目的设计,该节目有许多感官品质,使用灯光、布料和有趣的物品以及演员来点缀参与者的体验。作为评估的一部分,我采访了"确保开端计划"当地战略项目协调员。他看过节目的预演,他的回答很礼貌但持怀疑态度。虽然他表达了对这一项目方案的支持,但他的语言总是很谨慎,几乎没有表现出什么热情。他表示,他内心是一个非常"多疑的人"(doubting Thomas)——在20分钟的采访中这个词语他使用了4次——他还表示,公司需要赢得许多"多疑的人"的支持,他们可能会认为这个节目"有点附庸风雅"。他将该项

1 Gordon Lidstone, 'Education and the Arts: Evaluating Arts Education Programmes', in John Cowling (ed.), *For Art's Sake?* London: Institute for Public Policy Research, (2004), p.58.

2 Alasdair MacIntyre, *After Virtue: A Study in Moral Theory*, London: Duckworth, (1985), p.29.

3 Sure Start is the name of the UK's Labour government initiative that brought different educational, welfare and social agencies together in identified areas of social deprivation to improve the life chances of very young children.

目描述为"实现我们目标的垫脚石",而不是在任何意义上真正实现这些目标,以此来限定他对该项目的支持;他明确表示,他最感兴趣的是用于涉及特定目标的艺术,特别是鼓励母乳喂养。

一位重要的管理者的这种回应,体现了人们对美的"无用性"(uselessness)普遍不信任,这种不信任的基础是一种意识形态,这种意识形态只重视被认为是社会所期待的可见目标和实际结果。更重要的是,他不仅将这种意识形态核心的庸俗愿景人格化,还将其不可避免产生的道德扭曲人格化——现代主义道德哲学的完美理性人是艾瑞斯·默多克自己的愿景批判的靶子:"[他]完美的理性会让我们没有艺术,没有梦想,没有想象力,没有好恶,与本能的需求无关。"[1]她写道,幸运的是,这样的人并不存在。不幸的是,意识形态力量似乎与政府机构合谋创造了他。

在这样的环境下工作,TiE公司别无选择,只能用成果导向的社会效用语言来表达他们的目标。当然,我的评价也必须涉及这些目标,然而这样做,我一分钟都不接受"翡翠洞"的真正品质可以用可测量目标的还原论的语言恰当地表达出来。对我来说,体验之美才是最重要的,我听到家长们和"确保开端计划"员工不自觉地使用"美"一词作为事件发生后的即刻反应。

《翡翠洞》项目互动性质的关键在于,孩子们和家长们被邀请参与三种幻想人物有关的故事,这三种人物简称为"巨魔""小精灵"和"鸟儿"。在这个简单的故事情节中,他们都被带到海边,开始了一次神奇的航行,在旅途中,他们发现了巨魔的土地,并帮助他找到了一个新家,因为他的老家已经被风暴吹毁,孩子们也被吹到岸上。这个新家是一个翡翠洞,他们帮助巨魔装饰,然后唱歌哄巨魔入睡,再悄悄地回到他们日常生活的世界。该项目在

1　Iris Murdoch, op. cit., p.6.

一所废弃中学的三个房间里运行了一个月,视觉艺术家参与者已经将这所中学改造成了一个幻想世界。第一个房间变成了海滩和海景,有沙子、贝壳、蓝白相间的布、剧场灯光和海浪拍打海岸的声音。第二个房间更暗,是一片魔法森林,地板上有网、树景、巧克力木屑,还有一个洞穴,里面有各种打击乐器。合适的玩耍材料散落在四周,树枝和网上悬挂着模型鸟和蝴蝶。孩子和家长也可以在这里和鸟互动,看到巢里的蛋变成几只雏鸟。最后一间昏暗的房间,是一个翡翠色的洞穴,一个巨大的柳条编织物,上面闪烁着五颜六色的灯光。

通常和早年环境的情况一样,翡翠洞里的成年人绝大多数是女性。设计场景的视觉艺术家和设计和表演节目的演员也是女性。也许,这不足为奇,该项目的优点包含了斯坦纳所倡导魅力与同情的这种更柔性的女性价值,正是通过这些,我试图分析《翡翠洞》的道德力量,正如默多克所暗示的那样。

图 4.1 《翡翠洞》,出自"游戏屋"。

装饰是该项目设计的一个关键方面。例如,在海洋世界里,有许多孩子都喜欢抚摸的一缕缕长草,还有颜色不同和大小各异的贝壳,他们会把它们放在耳朵上或分类成堆。他们盯着指着挂在天花板上的水母模型;他们拽着一缕缕绿色的塑料海草;闪亮的风铃,轻轻地拂过;一大片蓝色物在海浪产生的微风中移动时,孩子们会跳起来,试图抓住它。收集装饰品是巨魔的一项重要活动。孩子们看到许多巨魔喜欢的那些柔软、毛茸茸的或硬而有光泽的物品。整个节目过程中,他们被鼓励收集这些物品并将其作为礼物送给巨魔,在节目的高潮,他们帮助巨魔用他最喜欢的东西装饰他的新家。

正如斯坦纳所指出的,在文化上,人们不相信这种装饰品,因为它除了购物中心和珠宝工厂的经济效益之外没有任何实际用途,它是装饰性的而非功能性的;它所表现出的"魅力"包含魔法的文化回声(echoes),因此也包含了非理性和欺骗的文化回声:"仅仅是装饰性的被认为是无用的或没有实际效果,然而装饰品也被认为是与欺骗有关的效用与权力的一种黑魔法。"[1]这种不信任加剧了,因为装饰品也与家庭生活和家庭感觉密切相关,与私人的世俗舒适感而非更宏大的社会情感密切相关。事实上,这些家庭和装饰的品质是翡翠洞魅力不可或缺的部分,应该被视为一种积极向善的力量,用默多克的话来说,为行动提供了的基因背景。这些装饰品确实对这些孩子施加了一种力量,令他们着迷,吸引他们的注意力,刺激着他们玩贝壳,盯着巨魔的小饰品看。这些物品对他来说,就像任何珍贵的财产一样令人感到安慰。他会凝视着它们,深情地处理它们,它们最终被用来装饰他的新家。教育者肯定不会以一种积极的眼光去看待这些舒适、温暖、快乐和共同的依恋感的品质(qualities)。我们认识到它们的存在在一些幼儿的生活中可能

1　Wendy Steiner, op. cit., p. 26. See also Adorno's commentary on the power of ornament in *Minima Moralia*, London: Verso, (2005), p. 224. Like Steiner, he identified the lingering aftermath of magic and charm in our relationship to beauty but also saw it as a positive force for good.

确实是沉默的,但他们的缺席我们认为是一种剥夺。任何早期的环境都会将这些品质的存在解读为有益的,如果不是必要,也可以通过装饰物美的品质来实现。如果这是我们从浪漫主义传统中继承下来的看法,那就顺其自然吧;如果它为我们提供了一个比目前许多政府机构推动的乏味的功利主义议程更好的道德愿景,我们就不必为此感到尴尬或不齿。

然而,《翡翠洞》故事情节的核心是一种利他主义。在发现和玩弄美丽的装饰品时,孩子们被鼓励分享这些装饰品,以帮助一个无家可归的人。即使是最具批判怀疑精神的审美评论家,特里·伊格尔顿(Terry Eagleton)也写道,审美经验可以提供一种乌托邦批判的话语,它可以用来"给霸权的车轮加油一样":"在我们开始推理之前,我们内心就有了那种力量,它让我们像伤口一样敏锐感到他人的痛苦,刺激我们在没有自我优势感情况下尽情享受他人的快乐。"[1] 亚里士多德所说的儿童的欲求潜力(the orectic potential)——他们天生喜欢接触他人,在这种情况下,尽情享受巨魔的快乐——是该项目的道德能量不可或缺的一部分,并通过它提供的美的体验发挥作用[2]。

伊莱恩·斯凯瑞在其引人注目的论点中更加充分地论述了伊格尔顿提出的观点,即美的教育也可以被视为一种社会公正的教育。她的许多格言都与《翡翠洞》不谋而合,而且鸟的象征意义再次强大起来。第二个房间是个森林世界,孩子们,比如比利·卡斯珀,遇到了一只小鸟。这是一个制作精美的手工木偶(我细心地选择这个形容词来描述木偶的装饰性品质,它的魅力和令人安心的家庭生活)。它在巢洞里出现,木偶表演者却隐藏在视线

1   Terry Eagleton, *The Ideology of the Aesthetic*, Oxford: Blackwell, (1990), p. 38.
2   For a full discussion of orexis see Martha Nussbaum, *The Fragility of Goodness: Luck and Ethics in Greek Tragedy and Philosophy*, Cambridge: Cambridge University Press, (1986), pp. 273 – 280.

之外。孩子们喜欢响应这只鸟的叫声（"嘀嗒！嘀嗒"），随后叫声消失了，一些人发现巢里有一个大鸟蛋，家长和工作人员鼓励他们用心温柔地呵护它。一会儿，巢里出现四只小鸟——实际上是一个手套木偶，每个手指操纵着一只小鸟。有的孩子会把自己的小手指放到小鸡张大的嘴里，有的会轻轻抚摸小鸟的幼小身体，有的只是盯着小鸟看几秒。这个小型的侧展，有着自己的家庭生活与同情的议程。它与《巨魔》故事平行的展开，营造了一种"脆弱的灵韵"，这种灵韵与其说在于木偶的物质性，不如说在于它们所象征的现实世界——出生、婴儿与生命本身脆弱性。"美的事物总是携带着来自其他世界的问候"[1]；斯凯瑞继续争论道，这些问候，通过想象的多孔性，引导感知者带着更广泛的尊重回归自己的世界。

根据斯凯瑞的说法，美是感知者和被感知者之间的一种协议或契约（compact or contract）[2]。在这一点上，她同意斯坦纳的观点，斯坦纳用类似的相关术语来描述它，美不是静态的、客观的属性，而是"'自我'与'他者'之间特殊的互动"[3]。在英语中，"fair"是美与公正的意思。在分析"fair"这个词的词源时，她将其追溯到它的日耳曼词根，动词 fegen，意思是"装饰"或"装扮"，但也有"约定""订立协议或契约"的意思[4]。这一约定的基础是感知者这一方的彻底去中心化，这就是斯凯瑞如何定义艾瑞斯·默多克的"无我化"概念。在孩子们与巨魔和鸟的互动中，可以从身体上观察到美帮助孩子们去中心化的力量，这种无我化可以被理解为感知者和被感知者之间积极主动地达成协议成为可能的动力。它的力量源于这样一个事实，即美是感性的和愉快的，而不是有原则的和尽职尽责的（principled and dutiful）。

---

1 Elaine Scarry, *On Beauty and Being Just*, London: Duckworth, (2001), p.47.

2 Ibid., p.90.

3 Wendy Steiner, op. cit., p.xix.

4 Elaine Scarry, op. cit., p.92.

用阿多诺(Adorno)的话来说：

图 4.2 《翡翠洞》，出自"游戏屋"。

当光芒四射的事物放弃它们的魔法主张，放弃主体赋予它们的力量，并希望在他们帮助下自己发挥作用时，它们变成了温柔的形象，变成治愈主宰自然的幸福承诺。[1]

很有可能，他们在这个过程中播下了同情和平等的种子。

美和乌托邦式想象

我们给孩子们讲的每一个好故事(抛开那些愤世嫉俗的说书人)都隐含着这样一个寓意："看，这就是世界应该的样子。等你们长大了，努力让它变成那样。我们这些年纪较大的人还没有做到；也许你们可

1　Theodor Adorno, op. cit., p.224.

以。"无论成人艺术中的美和幸福观念发生了什么，我们的孩子都必须保持天真无邪的信念。这是我们自己也是小说家对未来的信念。它表达了我们坚信我们的孩子将会拥有一个未来。[1]

正如英格利斯在这里所暗示的那样，《秘密花园》和《自私的巨人》等故事以及《翡翠洞》等教育项目中的美，通过其叙事中生动的社会乌托邦以及由此带来的形象的幸福承诺，表达了它的道德力量。奥斯卡·王尔德本人就是一名社会主义者，他认为乌托邦式的想象是他进步理想（progressive ideals）的内在要素。他写道："一张没有乌托邦的世界地图甚至不值得一看，因为它遗漏了一个国家，那里人性（Humanity）总在降临……进步就是乌托邦的实现。"[2]当然，并不是所有的社会哲学家都有王尔德的热情，自启蒙运动以来，乌托邦主义是否能带来一个美好社会，还是不可避免地产生反乌托邦的极权主义噩梦，一直是社会和政治辩论的丰富资源。沃尔特·李普曼（Walter Lippmann）在这个问题上的立场毋庸置疑：

> 一个好的社会没有建筑设计，没有蓝图，没有塑造人类生活的模具（mould）……最高的建筑设计师，一开始是一个有远见的人，后来变成一个狂热分子，最后成了一个暴君。因为没有人能成为社会的最高设计师，除非雇佣一个最高的暴君来执行设计。[3]

1　Fred Inglis, op. cit., (1982), p.111.

2　Oscar Wilde, op. cit., (1954), p.34.

3　Walter Lippmann, *The Good Society*, London: Allen and Unwin, (1937); cited in Anthony Arblaster and Steven Lukes (eds.), *The Good Society: A Book of Readings*, London: Methuen, (1971), p.342.

当然，像托马斯·莫尔（Thomas More）和威廉·莫里斯（William Morris）这样的人很难被塑造成狂热的暴君、乌托邦的幻想家的形象；但是 20 世纪法西斯主义和共产主义的经历，都是乌托邦式叙事，被证明是恶的，这确实给李普曼的怀疑论增添了历史分量。在我们当前这个碎片化叙事和地方知识的后现代世界里，这些宏大的愿景无论如何已不再流行，许多人，不只是那些有保守倾向的人，会声称这是一件好事。然而，正如奥利弗·贝内特（Oliver Bennett）所指出的，后现代主义带来了消极思维的增长，他将其定义为四种普遍的"衰落叙事"（narratives of decline），分别与道德、理智生活、环境和政治文化有关。他认为，危险在于，它们会导致宿命论、无能为力的态度，并产生"不假思索的消极思想的无休止循环，导致人们无法用消极以外的任何东西来看待自我、世界和未来"[1]。面对这一点，从教育的角度来看，大卫·哈尔平（David Halpin）认为乌托邦思维持续存在的意义对抵抗消极情绪可能产生的犬儒主义和无助感是有必要的。这样的消极情绪对任何教育事业都具有如此的破坏性，希望一个更美好的世界是必要的也是必须的。他引用齐格蒙特·鲍曼（Zygmunt Bauman）的话写道，"通过审视可能的领域（field of the possible）……乌托邦为批判性态度和批判性行动铺平了道路"。[2]

德国哲学家和剧作家弗里德里希·席勒（Friedrich Schiller）会同意鲍曼的观点。18 世纪末，法国大革命的乌托邦梦想破灭后，他不仅写作，也关心教育如何让一个更美好、更自由、更平等的世界的可能性充满活力。许多

1　Oliver Bennett, *Cultural Pessimism: Narratives of Decline in the Post-modern World*, Edinburgh: Edinburgh University Press, (2001), p. 181.

2　Zygmunt Bauman, *Socialism: The Active Utopia*, London: George Allen and Unwin, (1976); cited in David Halpin, *Hope and Education: The Role of the Utopian Imagination*, London: RoutledgeFalmer, (2003), p. 31.

当代进步主义（progressive）教育学家可能会感到震惊的是，席勒在他的《审美教育书简》中提出，审美教育应是这一事业的核心。这些信是多年来写的，是他对革命幻灭的回应，这种幻灭是他那个时代许多激进思想家和艺术家共同的幻灭，因为革命的理想蜕变为了混乱、暴力和恐怖。然而，正如威尔金森（Wilkinson）和威洛比（Willoughby）所指出的那样，它们并没有标志着"退缩到美的永恒世界，退缩到一个不涉及政治的唯美主义象牙塔"。[1] 相反，这是他继续追求他的理想的方式，他试图阐明一种教育方法，这种教育方法可以弥合人类似乎能够想象和理性地希望的善和他们试图实现它的失败之间的明显裂痕；他们有可能构想一个更好的社会，但在现实的政治压力下他们太容易忽视它。对席勒来说，这个问题的答案在于美，要理解一点，我们需要理解，像默多克和施坦纳一样，他并没有把美当作物体的一种令人愉快的特征，用约翰·阿姆斯特朗的话来说，而是一种道德和社会的必需，"一种理想，通过它我们总是可能被引导去反思自己和我们的生活"[2]。

这些信件本身既复杂又费解，但他的论点基于一些简单但有力的建议。席勒认为，人类有两种基本的、相互冲突的冲动，即感性冲动与理性冲动。个人和社会的幸福生活必须保持两者和谐，谁也不占优势。（虽然席勒没有将这些冲动与性别联系起来，但与后来女性主义思想家的论点有惊人的相似。）为了管理这种和谐，席勒采纳了康德的"游戏的无利害性"（playful disinterest）的观点，并提出人类有第三种冲动——游戏冲动——有可能将理性和感性保持在他们应有的位置。他认为，游戏的目的是将我们对感觉

1　Friedrich Schiller, *On the Aesthetic Education of Man*, in a Series of Letters, edited and translated by Elizabeth M. Wilkinson and L. A Willoughby, Oxford: Clarendon Press, (1967), p. xv.

2　John Armstrong, *The Intimate Philosophy of Art*, Harmondsworth: Penguin, (2000), p. 163.

的欲望与对秩序的欲望完美平衡地结合起来;游戏的最高表现是通过实现他所谓的"审美必然性"(aesthetic necessity),在美本身的形式中找到。审美必然性是一切优秀艺术作品中一种显而易见的品质;例如,一首美丽的诗中,每个词似乎都在恰好的位置;一段优美的旋律中,从一个音符到下一个音符看起来合乎逻辑,毫不费力,仿佛没有其他令人满意的选择;一幅美丽的画中,形状、颜色、纹理和细节保持平衡,提供了一种完全令人满意的视觉体验。对席勒来说,重要的是,审美必然性并不象征着和谐与秩序,而和谐与秩序应是美好幸福社会的特征;相反,正是它让我们作为感性的存在来理解它的真实感受。因此,正是通过我们的感受,我们才能开始意识到,如果我们能够实现它,美好社会会是什么样子。正如约翰·阿姆斯特朗解释的那样,"在理解审美必然性时,在全身心投入其中时,在让自己被它感动时,我们实际上在现实生活经验中遇到过幸福生活的样子"[1]。或者用席勒自己的话来说:"只有美才能让整个世界快乐,每个人在它的魔力下都会忘却自己的局限性。"[2]

好的社会与美的游戏

席勒写作的时代,他可以很容易地把美和艺术的意义融为一体,这是自现代主义以来,我们再也无法做到的事情。但是,相反地,他将美描述为一种高级游戏形式,鼓励我们考虑他的理论在那些更公开有趣的课程科目中的意义,这些科目不仅包括艺术,还包括体育和团队游戏。在这一点上,我们在席勒那里发现了对伊莱恩·斯凯瑞的一个论点的预见,她看到了美和

1　John Armstrong, *The Secret Power of Beauty*, Harmondsworth: Penguin, (2005), p.83.
2　Friedrich Schiller, op. cit., p.217.

正式的理想在团队游戏以及约翰·伯杰在他的小说《我们时代的画家》(*A Painter of Our Time*)所表达的政治思想的伦理和美学中得到体现和发生[1]。伯杰的这部小说于 1958 年首次出版,是以贾诺斯·拉文(Janos Lavin)的心声写的,拉文是一位来自匈牙利的难民,伦敦艺术家。小说的核心部分讲述了他为绘制 1948 年奥运会巨幅画布所作的努力,以捕捉他记忆中最纯粹的经历之一:当扎托佩克(Zatopek)在 10000 米径赛夺冠时,"成千上万的人热泪盈眶,这是纯粹无私敬佩的泪水。"[2]柏拉图式激情与康德式无利害性相融合是伯杰对美的体验的特殊理解的特征[3],拉文努力通过绘画这一物质载体捕捉这一乌托邦时刻,促使他反思了艺术之美与运动之美尤其是足球运动[4]之间的联系。这让人想起席勒的口吻,他把两者之美界定为对"直觉的有限自由"(controlled freedom of intuition)的依赖——需要有意识地失去自我意识,"在某些有意识创造的限度(consciously created limits)内回到对直觉的依赖"。他认为,足球运动之美在于,这是一种集体而非个人努力,因此成为了他的政治理想典范,而自由的、富有成效(productive)与创造力的关系是这种政治理想的核心。"我看过足球赛,"拉文总结道,"在这些比赛中,我瞥见了所有我相信的人与人之间富有成效的关系。"[5]

如果说席勒和斯凯瑞为我们提供了一种动力,让我们重新思考课程中美与游戏的关系,并找到它们与教育之间关系,这种教育既存在于好社会又致力于好社会,那么伯杰则明确地将我们指向足球运动。在足球运动非常出色的巴西,足球运动被誉为"美的运动"。在英国,许多年轻的工薪阶层男

1　Elaine Scarry, op. cit., pp. 106 - 107; John Berger, *A Painter of Our Time*, Harmondsworth: Penguin, (1965).

2　John Berger, op. cit., p.96

3　See the quote from 'The Field', for full reference, note 38 in the last chapter.

4　I am using the word 'football' as the term used in the UK for soccer.

5　All the quotes here are taken from John Berger, op. cit., p.122.

孩渴望成为职业足球运动员,这一事实往往被视为一种完全负面的想法,一种不切实际的愿望,一种可悲的男性主义的妄想,一种对学术精力的分散,一种对他们更理性的职业选择的阻碍。然而,如果我们一开始就考虑到这项运动本身的强大吸引力,并像伯杰那样,从一名成功的足球运动员所能带来的财富和名声等外在好处之外的角度来看待这一点,那会怎么样呢?足球运动作为一种社会实践所固有的内在好处是什么?当然,其中许多都与技能的获得和展示有关——控球、精准传球、进球得分——以及掌握所需技能所带来的满足感。还有,我们将风度、流畅和舒展优雅的姿势等令人愉悦的审美品质与这些动作技巧联系在一起。然而,伯杰的反思唤起的无我化,依赖于"自觉创造的限度"——换句话说,游戏规则——为了承载伯杰所暗示的道德力量,这些规则最好被理解为包含了一系列美德,这些美德构成了游戏的技巧和艺术性,为游戏提供道德能量和根本魅力。

正如麦金太尔告诉我们的那样,美德是一种后天习得的人类品质,没有它,我们将无法实现特定实践内在的善[1]。它们不仅仅是令人钦佩的特点,还是一种实践的基本特征,它预设了一套理想,一种为之奋斗的感觉。彼得·阿诺德(Peter Arnold)写道:"这些美德是道德的,因为它们构成了特定的品质。通过这些品质,一个人的行为在他或她生活的不同背景下都会受到道德评价。"[2]就足球运动而言,这些美德包括决心和耐心(没有这些,我就无法提高我的技术);自制力(没有它,我就会变得暴力和过度好斗);宽容大量(没有它,我将是个糟糕的团队球员);诚实和公平竞争意识(没有这些,我会作弊,容易不惜一切代价想要获胜)。然而,至关重要的是,这些美德的道

1　Alasdair MacIntyre, op. cit., pp.188 – 194.

2　Peter Arnold, 'Sport and Moral Education', in *The Journal of Moral Education*, vol. 23, no.1,(1994), p.85.

德力量依赖于它们与足球运动员所渴望的审美必然性状态的内在联系，即他们对足球运动的热爱是建立在"生命体验的现实感"（reality of lived exprience）之上的。从这个意义上说，每场比赛都有美好的前景，都是对美好时刻的追求。其中一些是取决于它的技能和艺术性——例如，一次漂亮的传球或进球——另一些取决于它的社会美德，比如体育风采的展示。

当然，我们很难不冷嘲热讽地指出，今天的职业赛中缺乏这些美德，易于表征为欺骗、贪婪、自私、傲慢、不尊重、沙文主义和资本的腐败影响[1]。然而，事实仍然是，这里列出的恶习被视为公认的腐败迹象，这与理想形式的游戏的美德背道而驰。尽管有明显的例子表明它缺乏理想，但理想仍保留着它的力量，因为当以一种接近它的方式游戏时，游戏者——甚至观众——可以体验到席勒强调的乌托邦感觉，对他们来说，这就是生活的最佳感觉。当专家们像他们经常做的那样使用"美的游戏"这个短语时，他们指的就是这一愿景，这种愿景作为一种实践体现在游戏的"最好的传统、习俗和惯例"中[2]。麦金太尔明确表示，技能本身并不构成一种实践，因此不会发展美德，并以足球为例："井字游戏（Tic-tac-toe）不是实践的例子……熟练地踢足球也不是，但足球比赛是。"[3]虽然技能的掌握是学校足球实践不可或缺的组成部分，但这是一个有缺陷的教育愿景，它以这些技术定义了其核心课程，把它们从游戏的美德和核心的道德愿景中分离出来。我认为，这最好通过美的概念来理解。我们甚至可以说，任何没有适当考虑这个道德愿景的游戏教学都会对相关方——老师、游戏者和游戏本身——产生腐蚀性的影响。

1　In Berger's novel, op. cit., p. 22, Lavin comments, 'Capitalism has finally destroyed the traditions of art it once inherited or created'. The words resound somewhat prophetically with regard to the effects of globalisedcapitalism on the UK's Football Premier League.

2　Peter Arnold, op. cit., p.80.

3　Alasdair MacIntyre, op. cit., p.187.

这一论点得到了最近对男孩和女孩参与体育运动的实证研究的支持,该研究表明,年轻人在运动场上表现的道德行为跟他们的老师和教练的教育价值观存在着重要的关联[1]。

游戏、工艺与表演艺术之美

当然,并不是每个人都会欣赏或想要体验足球或其他运动之美,也没有特定的审美体验我们可以指出作为人类的共性。但游戏和美它们本身是普遍的概念,通过无数的社会和文化实践找到了特定的表达形式。在课程中,我们可以将表演艺术——舞蹈、戏剧和音乐——与足球进行有趣的比较——如果每一种表演艺术都是公开有趣的(playful),并且有一个强大的社会或团体的维度。当然,这种有趣的方式是不同的,因为每一种艺术形式有自己的实践准则,但"游戏"(playing)是一个动词,适用于创作过程(舞者用动作主题来游戏,音乐家用旋律与和声的可能性来游戏)与技能的发展(通过游戏来练习),至少在音乐和戏剧中,"游戏"是一种与表演本身密切相关的表达。

理查德·桑内特在他的《匠人》(*The Craftsman*)一书中,把游戏定义为

1　See, for example, David L. L. Sheilds and Brenda J. L. Bredemeier, *Character Development and Physical Activity*, Champaign, IL: Human Kinetics Publishers, (1995) who point to the central importance of the teacher or coach in influencing the socio-moral behaviour of the young players in their charge. Carwyn Jones emphasises the importance of the context and the character of the teacher if children are to learn virtuous behaviour in sport in 'Teaching Virtue through Physical Education: Some Comments and Refl ections', *Sport, Education and Society*, vol. 13, no. 3, (August 2008). Jarvis, in observing boys in the early years playing soccer at lunchtime in the school playground, noted the complexity of social development that it inspired, including the creation and development of rules, the mediation of fair play and also the care shown for those who were injured See Pam Jarvis, 'Monsters, Magic and Mr Psycho: A Biocultural Approach to Rough and Tumble Play in the *Early Years* of Primary School', *Early Years*, vol. 27, no. 2, (July 2007).

一种将儿童与工作联系起来的工艺，因为正是在游戏中，他们学会了与材料（materials）对话，测试他所谓的它们的"真理"就像工匠必须与粘土、玻璃或任何他正在使用的东西的"材料真相"（material truth）对话一样[1]。所以一个孩子拉着她的泰迪熊的眼睛，不是因为她具有破坏性，而是因为她在测试它作为物质的本质，它对她自身物质力量的抵抗力。在学习演奏乐器的过程中，这个真理存在于一个事实的世界中；例如，为了让音符听起来正确，我可以把我的手指放在弦上或阀键上吗？为了快速和干净地演奏，我可以释放它吗？桑内特强调持续重复的美德（virtues），这是游戏的另一个特点，是获得这种真理所必需的练习和排练所固有的；一遍又一遍地演奏，直到听起来正确。这就是他认为席勒将游戏定义为将感觉驱动与形式驱动联系起来的关键所在；"游戏在愉快与严谨（pleasure and rigor）之间协商"[2]。此外，他还引人注目地指出，实践激发了儿童的欲望，而不是相反，因为实践教会他们如何集中注意力，这反过来又引导他们欣赏和享受他们正在学习的艺术或工艺的微妙之美，以及制作高质量作品的乐趣。因此，他表示，我们学会了耐心、勤奋和工作自豪感这些美德。正如朱利安·贝尔（Julian Bell）所指出的那样，通过这种方式，桑内特的这本书是一部具有道德意义的哲学书。书中，他试图"将善的理念建立在物质环境中；从一堆可靠的线索得出他的想法"[3]。

桑内特深受启蒙运动人物的影响，但对约翰·拉斯金等浪漫主义和后浪漫主义作品并不感冒，他认为这些作品充满伤感，被对回不去的过去的乡愁所污染。尽管如此，他还是和拉斯金一样担心，普通人的创造力和生产力

1　Richard Sennett, *The Craftsman*, London: Allen Lane, (2008), p.272.

2　Ibid., p.270.

3　Julian Bell 'Back to Basics: The Craftsman by Richard Sennett', in *The New York Review of Books*, vol.55, no.16, (23 October 2008), p.29.

被忽视了,而对他而言,匠人精神(craftsmanship)是一种可以促进他们发展的教育模范。他写道,"匠人精神有天赋基础并不例外"。相反,"它们是绝大多数人的共同点,大致相同"[1]。这是对精英主义观点的一个有用且必要的反驳,这种精英主义观点认为学校里的表演艺术等科目要么是娱乐性的,因此没有真正的教育价值,要么只属于那些有天赋的人。这表明,工艺可以学习,其发展不仅取决于天赋,也取决于机会,工艺培养了一套与工作世界直接相关的技能和美德。但这一论点忽略了美,事实上,虽然它是基于文化唯物主义价值观,但它可以被视为对任何让人想起拉斯金言论的事情含蓄不屑一顾。在不否定桑内特论点的情况下,我希望在作为课程科目的表演艺术的艺术和社会领域中增加美,特别是看看它是如何将它们与善的理念联系起来的。

像足球运动一样,我们可以通过构成他们技能的美德和塑造他们实践的审美必然性来掌握表演艺术的教育力量。在他们更复杂和特定主题的游戏形式中,例如设计小型团体戏剧或舞蹈,或排练一个管弦乐作品,可以看出成功取决于一系列美德的实践,这些美德与我们足球运动列出的美德相似,只是所要求具体技能方面有所不同。因此,在设计戏剧与舞蹈或一段音乐时决心和耐心同样重要。它们在小组讨论和决策制定、阅读和学习台词(或舞蹈主题/短语,或乐谱的一部分)、尝试和必要时放弃想法、做出承诺和遵守截止日期等活动中都得到了体现。表演艺术生也必须慷慨地成为团队合作者,如果他们想要成功,就必须锻炼身体和精神上的自制力。然而,最终,就像足球运动一样,这些美德只对表演者在表演中承诺的快乐有影响,而对于那些因为热爱而追求表演艺术的学生来说,这种快乐与美的概念有

1　Richard Sennett, op. cit., p.277.

本质的内在联系。桑内特提醒我们,游戏是一门将严谨与快乐结合在一起的技艺,从而发展出良好的工作实践;但尼哈马斯也用柏拉图式的口吻提醒我们,尽管桑内特的欲望从属于实践,但我们所做之事中的美可以用爱激励我们前进,激励我们为严格的实践值得努力付出[1]。当然,这是我自己的音乐学徒生涯的情况,在最后一章中有描述。中提琴的学习实践为我弹吉他奠定了基础,但正是美的力量及其与爱、愿望、志向和快乐的紧密联系,促使我从一开始就学习吉他。就我而言,好工作和做好工作的满足感,源自我写一篇历史文章,而对创作与表演满足感远不止于此。当一切顺利时,工艺与艺术、品质与美、爱与满足都交织在一起;当歌曲未出现或表演不够好的时候,是爱让我度过了沮丧和失望的时光。

那么,让我们考虑那些热爱表演艺术的学生在学习的艺术维度上的美。对他们来说,我建议,在准备表演时,美这一概念作为一种动机,是至关重要的,尽管这种形式必然会引起有关个人之间的争辩。为了再次从席勒那里借鉴,他们需要发展一种共同的审美必然性的感觉,以便在创作过程中指导他们的反思、决策和评价。对于那些热爱表演的学生来说,没有什么比他们的作品被分享、观看和/或聆听更令人兴奋的了。和任何现场表演一样,这种刺激与一切都可能出错的风险感密不可分。风险是他们的快乐所依赖的严格性,但他们的快乐水平将等同于他们美的体验;我们可以将其定义为一种创造并与观众分享的审美必然性体验。

朱利安·贝尔指出,桑内特在专注于匠人的体力与脑力活动中发现优

---

1   This is exemplified in his story of the journey of critical understanding inspired by his love for Manet's 'Olympia'. See Alexander Nehamas, *Only a Promise of Happiness: The Place of Beauty in a World of Art*, Princeton, NJ: Princeton University Press, (2007), pp. 105 – 120.

点时,忽略了接受这一关键元素,即站在后面,看着并看到自己的作品是好的[1]。在表演艺术中,这具有更高的意义,因为表演者用自己的身体作为审美对象;他们不是自己审视,而是把自己提供给别人来审视。从这个意义上说,"好"与在被他人理解的那一刻产生它的身体是无法区分的。对年轻人来说,这为他们提供了一个被欣赏、钦佩、吹捧和赞扬的机会,一个在世上留下痕迹的小机会[2]。对他们来说,这不仅是一个创造美好事物的机会,至少在那一刻,也是被视为美好的机会。对于那些身体有吸引力、受欢迎、自尊心强的年轻人来说,这可能在个人和社会上都没有那么重要;但对许多年轻人来说,这一无我的时刻可以反馈、强化和转化他们自己的自我价值感。

与足球运动一样,表演艺术教师关注艺术与社会双重教育价值的专业需求提醒我们,归根结底,学校不是工艺车间或培训机构,他们的教育项目虽然涉及个人天赋的发现和发展,但不能简化为这一点。在这种特定的背景下,它是专注于少数人的个人艺术天赋(名家模式)和培养许多人的社会和艺术天赋[团队模式(the ensemble model)]之间的区别。优秀的教师可以通过组织课程的方式和课堂上鼓励的风气,来追求团队价值。这并不是否认他们所面临的挣扎,从过度劳累、官僚主义的记录保存、考试压力到不满的学生行为。但这是一种模式,可以帮助他们在发生这些事情时认识到真正有价值的时刻。我把这些都当作美丽的时刻,以表明表演艺术的社会和艺术理念可以通过审美必然性来理解。例如,我还记得在访问罗马尼亚期间,我观看一位八岁的小学生的表演,在表演中,一个非常有天赋的小女孩花了和专注于自己的表演一样多的时间,快乐而不自觉地帮助周围的

1　Julian Bell, op. cit., p.30.

2　The phrase is taken from Michael Kimmelman. See his *The Accidental Masterpiece: On the Art of Life and Vice Versa*, New York: Penguin, (2005), p.32.

人——帮助一个孩子脱下套头衫，引导另一个孩子进入特定的空间。这是一个美好的时刻，因为它不仅体现了这位老师自己所取得成就的价值，还体现了团队理念的核心：共同努力、相互帮助和体谅他人的精神。这些就是表演艺术中美的潜在成就——快乐、深刻和道德意义，大大地超越了技能导向课程的教育局限。

目睹残疾人身体之美：拐杖大师，比尔·香农

哦，身体随着音乐而摇摆，哦，明亮的目光，

我们怎么能从舞蹈中认识那个舞者呢？[1]

约翰·瓦利（John Varley）在他的故事《愿景的坚持》（*The Persistence of Vision*）中想象出了一个非同寻常的乌托邦。在这里，一个叫凯勒（Keller）的社会的居民永远生活在黑暗和沉默中，因为他们又盲又聋。然而，他们的生活是和平的、合乎伦理的、感官充实的。通过一种称为"触摸"的语言系统，包括裸露的身体接触，他们之间的交流比任何语言都要深。他们创造的文化使故事的非残疾叙述者成为局外人，嫉妒他们的能力。他开始将他们的失明和失聪当作一种文化来欣赏，甚至是礼物而不是一种残疾，如果他因此获得他们的幸福和满足感，他可能会欢迎这些礼物。这个故事是指莱纳·J·戴维斯（Lennard J. Davis）在他的《强制规范》（*Enforcing Normalcy*）一书中提及这个故事，并把它作为残疾政治（disability politics）的核心观点的例证，即"我们对正常世界的构建是基于对残疾的彻底镇压，

1　W. B. Yeats, 'Among School Children' in *The Collected Poems of W. B. Yeats*, Princetion: Scribner (1996).

在特定的权力结构下，残疾人社会可以而且确实很容易生存下来，并将'正常'人成为局外人"[1]。但这个故事也提出了另一个观点：这种社会的审美可能性与非残疾人社会的审美可能性截然不同。不仅如此，当非残疾的局外人欣赏到这种美学的美时，它可以成为"无我化"的有效来源，不仅实现了政治上的决裂，而且实现了艾里斯·默多克所设想的那种道德和精神理解的革命。

戴维斯用这个故事来反驳他所描述的暗指的"规范的乌托邦"（Utopia of the Norm），这是19世纪所追求的理想，其假设仍然渗透在我们生活的社会结构中。他认为，随着社会越来越城市化和工业化，统计学作为一种分类和组织系统变得越来越重要，并产生了普通的（或正常的）人的概念。戴维斯追溯了规范概念在现代社会和经济理论中日益增长的影响——例如，普通工人这个概念——但主要是在优生学（eugenics）意识形态中产生了这种规范概念。对优生学家来说，失明、失聪和其他形式的身体残疾不再被视为不可避免的和可接受的，并被病态化为不受欢迎的和规范之外的，像犯罪和疾病一样被根除。他提出了一个令人不安的观点，即优生学远非一群右翼极端分子独有的观念，并认为它对进步的社会主义思想同样有影响，"从人体的完美性中看到了社会改良的乌托邦希望"[2]。尽管自第二次世界大战以来优生学被认为应受到道德谴责，但它作为一个极端表达的规范概念，仍然渗透在有关残疾的常见社会假设中，将其标记为不正常与缺陷，这对大多数非残疾人来说是一个尴尬的原因，它完全是一种医学而非一种文化境况。

1　John Varley, The Persistence of Vision, New York: Dial Press, (1978); referenced in Lennard J. Davis, *Enforcing Normalcy: Disability, Deafness and the Body*, London: Verso, (1995), p.22.

2　Lennard J. Davis, op. cit., p.35.

有趣的是，戴维斯声称，由优生学所倡导的完美身体概念在政治上与前工业化时期的西方社会所共享的概念非常不同，因为它源自古雅典。在这里，完美的身体本质上是众神的财产，其人类形态的多样性在中世纪狂欢节的怪诞表现中被夸大了。他认为这是对人体的多种必然不完美的物质形式的庆祝，在这种形式中，所有形式的身体残疾都被视为人类连续体的一部分，而不是对它的偏离。因此，与拉斯金一样，他的论点是针对规范性、技术主义意识形态更坏的影响，将完美的工业理念视为一种非人性化的力量，由同一性和一致性的理念驱动，而不是由个人人体的创造性表现力驱动。

　　这种美的规范概念是由法国统计学家奎特莱特（Quetelet）定义的："一个人在某个特定时间集中体现了普通人的所有品质，他将同时代表着这个人的所有伟大、美丽和善良。"[1]因此，理想的美变成了平均值表现的美——或者更确切地说，美是一种平均的理想或平均的合成物。自那以后，两位俄罗斯艺术家，科马尔（Komar）和梅拉米（Melami）证明了这纯粹是无稽之谈，他们讽刺性地寻找真正的规范理想，研究了不同国家的公众认为美的艺术，并根据他们的发现创作了一系列的合成画。正如金梅尔曼（Kimmelman）的评论，"其结果媚俗，不出所料地糟糕，这证明了，如果我们不知道的话，美，从定义上说，是不能化约为公约数"。[2] 金梅尔曼引用了弗朗西斯·培根（Francis Bacon）的话来阐述他的观点："没有一种卓越之美，不具有某种陌生的比例。"[3]这是"陌生"一词的一种非常重要的用法，它不是指"他者"的一种特性，而是指我们发现一切美的事物的内在品质——不管是安格尔的《大

1　Quetelet, cited in Lennard J. Davis, op. cit., p.27.

2　Michael Kimmelman, op. cit., p.55.

3　Ibid., p.55.

宫女》中女妃子纤细的背部，《荒原》中令人难忘的生动意象，还是威尼斯总督宫丰富的哥特式表现力。此外，我们还可以加上最近在伦敦特拉法加广场展出的断臂（残疾？）的米洛的维纳斯雕像及其引人注目的现代回声，马克·奎恩（Mark Quinn）的雕塑作品《艾莉森·拉帕》（*Alison Lapper*）这不仅是对残疾女性的赞美，也是对怀孕女性的赞美。

正如戴维斯所指出，历史上并不乏成功与公认的残疾艺术家；弥尔顿、乔伊斯（Joyce）和贝多芬（Beethoven）都是值得注意的例子。然而，在任何情况下，他们的成就都被视为跟残疾斗争的胜利，因为他们在传统美学而非残疾美学中工作。他们的残疾与他们的艺术无关，是接受艺术的无形因素，从来没有像在约翰·瓦利的乌托邦居民文化中，被誉为具有潜在的美。在当代残疾艺术家的作品中，这种情况通常也很少见。我曾说过，作为一名非残疾观赏者，我认为《艾莉森·拉帕》雕塑很美，但是同样没有手臂的摄影师玛丽·达菲（Mary Duffy）的类似作品并没有达到美的预期效果。在题名为《剪断束缚的纽带》（*Cutting the Ties That Bind*）三张照片系列中，她也明确地将自己身体与米洛的维纳斯（Venus de Milo）身体进行比较，但她所宣称的艺术意图完全是政治性的。公认的观点认为残疾本身一定是可悲的或可怜的。她将自己作为对这种公认观点的挑战："我想为所有之前扒光我衣服的人举起一面镜子……公众尤其是医学界，都会赤裸裸地凝视。"[1] 戴维斯的评论用恐怖的语言而不是快乐的语言，再次强调了这一挑战的对抗性本质："现在是'恐怖的对象'向'正常'观察者举起了镜子。"[2] 因此，对于非残疾观察者来说，这部作品的美学目的是决裂与不适，而不是快乐，其中，政治/

1　Lennard J. Davis, op. cit., p.149.

2　Ibid., p.149.

伦理的挑战优先于任何使其变美的可能性[1]。

残疾舞者比尔·香农（Bill Shannon）的作品，也被称为"拐杖大师"，发起了类似的颠覆性挑战。香农患有一种罕见的关节炎，他的腿任何时候都无法承受他的体重[2]。因此，无论是行走还是表演，他都需要借助拐杖和滑板来移动，他这方面的技术水平非常高。作为一名行为艺术家，他经常在户外工作，表演一系列复杂的动作，挑战非残疾路人的看法，这些路人不知道这是一场表演，如果愿意，他们有机会进行干预。佩特拉·库珀斯（Petra Kuppers）对他其中的一部作品描述如下：

> 香农拄着拐杖走下一段楼梯，创造了一个非常复杂的高难度动作，他把这个日常动作发展成一个俯冲与坠落的芭蕾舞，优雅而滑稽，笨拙而艺术……一些介入者在动作和体重转移方面非常不熟练，以至于"帮助者"阻碍了香农，甚至自己失去了平衡。由于残疾者和非残疾人之间的"已知"差异，运动能力变得不稳定。[3]

---

1 Interestingly, Alison Lapper also exhibited a photograph of herself as Venus de Milo as a more ironic but similarly political statement. In an interview with the Disability Arts in London Magazine in 2007 she said, 'I wanted to recreate this because it's such a classic image. It was quite a tongue in cheek kind of thing for a disabled person to put herself up as the Venus de Milo because she is looked upon as being the most beautiful sculpture, and because her arms fell off she's kind of allowed to be disabled. Nobody ever says at all that she is disabled, but they look at me and say "oh she's disabled!". Where's the difference? I have no arms either. I'm more beautiful than she is because I'm alive, I'm living fl esh and blood. But I'm labelled something else. Why? So really it was to challenge people's perceptions of the Venus de Milo. And it did. It was ten years ago now and still people remember'.

2 For an interview with Bill Shannon, see http: //www. villagevoice. com /issues /0302 / mattingly. php (accessed June 2004).

3 Petra Kuppers, *Disability and Contemporary Performance: Bodies on Edge*, London: Routledge, (2003), p.62.

那么,非残疾(和不知情的)公众的体验是一种惊讶,也许是震惊与尴尬,因为他们得知自己对残疾做出了假定,无意识地扮演着了权势者和帮助者的角色,并发现立场发生了逆转。这种体验并不是为了愉快,因此,美的语言在解释它时似乎不合适。

然而,这并不是我第一次在一个电视节目中看到或了解比尔·香农的作品,该节目展示了他以自己独特的风格跳舞的片段[1]。在芝加哥长大,这种风格深受街头嘻哈文化的影响,但他发展出来的舞蹈形式是全新的。佩特拉·库珀斯对香农美学的欣赏是在政治评论的框架中进行的,与此不同,非残疾的丹尼·卡斯雷尔(Dani Kasrel)的话只回应了他的运动造诣:

> 他抓住了别人对残疾的看法,并将其转化为设计一种独特且完全有趣的舞蹈技巧的机会。香农像体操运动员一样敏捷地翻转和四处摇晃他的身体。他毫不费力地贴地和离地滑行,甚至在玩滑板时绕一整圈。[2]

作为他的艺术的非残疾观赏者,卡斯雷尔和我自己都为了享受他运动的美学品质而排除了政治挑战(the political challenge),仅仅如此么? 我不这么认为;事实上,我希望用我自己对香农表演的反应来证明,作为一个非残疾观赏者,正是通过看到他作品中的美,我从中学到了一些深刻的东西。

美的脆弱的灵韵,其契约的本质,以及我们认为与《翡翠洞》体验密不可分的那些方面,都与观看香农舞蹈的体验密不可分。他的双腿虚弱成为了

1　The programme was entitled Dancers and Their Bodies and was broadcast by the BBC in 2003.

2　Dani Kasrel, Crutchmaster Bill Shannon: *The Art of Weightlessness*, (1999), http://www.citypaper.net/articles/111199/ae.dance.crutch.shtml (accessed June 2004).

我们关注的焦点,我们契约的本质;作为非残疾观察者,我们被要求凝视,不转移目光,我们最深的偏见之一———残疾必然有缺陷——不是受到了理性诉求或政治冲击策略的挑战,而是受到对美的事物的体验的挑战:"香农粉碎了残疾概念的本质,与其哀其不幸,不如为他令人惊叹的运动感到兴奋。"[1]当香农跳舞时,他使斯凯瑞提出的三个观点成为焦点:美让我们意识到错误,美是前所未有的,美施加了她所谓的"对分配的压力"(pressure towards the distributional)[2]。

当我第一次看到香农跳舞时,我惊呆了,无法挪开视线。我立刻意识到,我正在目睹的不仅是我从未见过的,也是我从未想象过的。斯凯瑞强调了美的这种前所未有的品质是如何让我们希望改变我们的感知领域,以便继续凝视它,在这一点上,她暗示了对一个人的心理和身体定位(location)的修正。因为,一看到香农的表演,人们会立即被迫重新考虑自己对残疾身体的潜在能力的看法,而不是对残疾身体及其与非残疾身体美学之间的关系的看法。就我而言,我立即意识到了我以前对舞蹈和残疾的错误看法。香农为我们提供了一种新的美学,借此,他邀请我们改变我们对残疾的总体看法。没有怜悯感与补偿感,只有歌颂。他通过自身舞蹈的优雅、活力和控制力来实现这一点;简言之,通过展示那些身体美德,令人看起来很美。在让我们目光愉悦的同时,他确保我们仍然敏锐地意识到他与非残疾舞者的不同,而不是模仿非残疾舞者。尽管他在我们称之为"残疾人"这种社会范畴中可能是独一无二的,但斯凯瑞认为正是一种美的天赋及其脆弱的灵韵,让我们重新关注和关心我们现在承认是美的范畴中那些人或物。当我们第

1　Dani Kasrel, Crutchmaster Bill Shannon: *The Art of Weightlessness*, (1999), http: //www. citypaper. net /articles /111199 /ae. dance. crutch. shtml (accessed June 2004)
2　Elaine Scarry, op. cit., p.66.

一次欣赏一幅画、一首诗、一部戏剧或一位"残疾人"的美时,我们就会将这种认识扩展到这一范畴的他者身上,对他们的潜力和价值有着与生俱来的欣赏。从这个意义上讲,他的舞蹈施加一种"对分配的压力",这就体现了它作为一种教育的情感潜力,目的是实现社会正义和实现更美好的社会:"就像对忽视与之相关的社会正义问题的政治抱怨一样,它(美)明确证实了人类关注的价值。"[1]在建立而不是打破与观察者的依恋关系时,香农的美学通过激发敬畏和惊奇,将观察者的意识提升到更高水平,这些方面的美传统上与崇高联系在一起。默多克提出了一个关键的论点,这种意识的提高让我们更接近对事物的真实情况的一种真实、更客观的看法。这种看法往往被我们的偏见和日常焦虑所掩盖。她称之为"同情的现实主义"(realism of compassion),这个短语可能与残疾政治并不相符,但它在道德和政治方面定义了这种艺术的美学,将观察者从他们"盲目的以自我为中心的目标和形象"中解放出来[2]。

将美重新视为一种潜在的向善力量

这一章,我重新肯定了广泛符合柏拉图传统的美的教育的道德案例。这并不是一个无可争议的主张:

> 历史一次又一次粉碎了柏拉图关于爱美即渴望善的,爱美即渴望美好的保证。美的恶棍,风度翩翩的亡命之徒,有品位的罪犯和文雅的虐待者无处不在。莎乐美(Salome)、斯卡皮亚(Scarpia)和撒旦(Satan)

---

1   Elaine Scarry, op. cit. , p. 66.

2   Ibid. , p. 67.

并不仅仅存在于小说中。[1]

内哈马斯的立场并不罕见。他认为,这些证据与美的教育也是善的教育这一论点背道而驰。他认为,充其量,我们可以认为美的道德危险很小;毕竟,"乔治·艾略特能有多大危害呢?"他打趣道[2]。

我认为,尼哈马斯在这犯了个错误——这也是我在本书中一直反对的错误——像康德那样,将美与它在表达中必然相互联系的价值之网隔离开来。就好像它应该被剥光,并被期望独自完成教育工作,单独作为美从影响、语境与历史中剥离出来,而不是被允许与它们一起并在其中工作。本章考察的每一个例子,都有一个必然的含义,即美要在教育环境中产生任何形式的美德影响,就必须有意识地将其框定在一套价值观与实践中,这套价值观与实践与它和谐相处,或者释放其积极的潜能。例如,在《翡翠洞》中,该公司和参与其交付的艺术家的教育价值观与故事叙述所培养的关怀价值观相匹配,而关怀价值观本身通过节目的互动性与和表演性得到了增强。这些价值观在很大程度上反映了瑞吉欧·艾米利亚(Reggio Emilia)和许多早期教育环境的价值观,在那里,美可能最容易表现出来。就体育和表演艺术的而言,教师的价值观被视为中心,因为如果他们不能认识到或利用他们的学科实践所能体现的共同美德,那么他们可能追求技术卓越,但永远不会释放美所固有的乌托邦能量[3]。最后一个例子提醒我们,美,以及家庭的和熟悉的,可以在其惊讶的力量中找到道德能量,也可以在其表现中令人惊讶。

1　Alexander Nehamas, op. cit., p.127.

2　Ibid., p.127.

3　For a passionate account of how this can be realised, see Sally Mackey, 'Emotion and Cognition in Arts Education', *Curriculum Studies*, vol.1, no.2, (1993).

正如格尔茨提醒我们的那样，我们对美的解释与我们对文化的解释密切相关，当然，我们对残疾的解释也是如此。因此，香农的舞蹈是一种文化和审美交流的形式，是一种跨越差异的对话，包括身体与审美、文化与政治[1]。香农重塑自己的身体，给我们惊喜和快乐，香农也可以重塑我们的看法（perceptions），进而重塑我们的精神，恢复美作为一种向善的社会力量，不是先验的自负（transcendental pretensions），而是具有转化的可能性。正如艾瑞斯·默多克所建议的那样，其道德潜力值得我们教育工作者充分关注。

1　I am grateful to Colette Conroy of Royal Holloway, University of London, for this observation.

第五章　美与创造性:艺术课程的例子

> 总有一天我们会赢回艺术,也就是生活的乐趣;把艺术重新带回我们的日常劳动。[1]

当约翰·拉斯金将哥特式建筑与威尼斯文艺复兴时期的建筑进行比较,并为同时代人得出道德结论时,他对人类创造力持一种特殊看法,这种看法将人类创造力与大自然的节奏、模式和多样性联系起来。在此过程中,他非常清楚创造性工作、个人成就和社会道德之间的关系。他认为,个人的表现力是创作好作品的必要条件——不仅在实践上,而且在道德意义上都是好的。在《威尼斯之石》(*The Stones of Venice*)一书中,他极力建议读者从总督宫的对比和令人惊讶的细节来看——尽管如此,这些细节仍然创造了一个至高无上的美的有机整体——"每个敲击石头的工人的生命和自由的象征……思想自由和存在的等级,比如没有法律,没有宪章,没有慈善机构(charities)可以保障;但是,今天全欧洲的首要目标一定是为儿童夺回这一权利"。[2] 在拉斯金的眼中,工业化英国的工厂制度的压迫性的机械化和

1　William Morris, *Political Writings of William Morris*, edited by A. L. Morton, London: Lawrence and Wishart, (1979), p.121.

2　John Ruskin, *Selected Writings*, edited by Dinah Birch, Oxford: Oxford University Press, (2004), p.42.

非人性化做法,反过来,破坏了那个时代的日常美学,生产了一种对机械化完美(mechanised perfection)的偏好,技术战胜了美,以及他所认为的对新奇和变化的"病态的热爱"[1]。

然而,拉斯金将美与创造力之间的关系视为一种伦理关系;一件东西是如何制造的,它所体现的社会价值与最终产品的外观一样重要,而且确实不能脱离它。他没有看到由建筑师创造的哥特式宫殿的美,受委托的工人们只是为了实现一个预定的计划,而这是计划与执行计划之间的相互关系的结果。他首先歌颂的是普通工人的个人创造,这是建筑的整体结构所支持和允许的。对他来说,这表明了一种健康的文化,用马修·科林斯(Matthew Collings)的话来说,这种文化包含了"大自然将强者和穷人团结在一起的共同愿景"[2]。在这一愿景中,所有创造性劳动都有一个社会的、道德的和经济的目的,即帮助个人体验一种生活强度,这种生活通过使他们接近自然的节奏和模式来满足他们的精神需求。他认为艺术是此类作品的最高文化表达。

拉斯金的思想在他那个时代影响很大,被前拉斐尔派(pre-Raphaelites)铭记于心。他们对色彩和细节的关注一丝不苟,他们赞美大自然无穷多样之美;在其内容中描绘了道德经验教训,以说明人类需要与之和谐相处。威廉·莫里斯(William Morris)也是拉斯金的忠实粉丝。他的墙纸设计通过将自然带入普通人的家中来驯化(domesticated)自然之美,而他为所雇佣的工人创造的环境则是为了通过保持自然和创造性劳动之间的联系来培养他们的幸福感。他的工作坊宽敞明亮,机器在这里服务,而不是扼杀个人的表达。

1　John Ruskin, *Selected Writings*, edited by Dinah Birch, Oxford: Oxford University Press, (2004), p.53.

2　In an episode of the Channel 4 series This Is Civilisation, broadcast on 8 December 2007

他的一名工人制作的椅子由当地木材而非进口木材制成,椅子座部由灯芯草而非布料、弹簧或室内装饰制成。我此刻正坐在这样一把椅子上,这表明拉斯金思想的长期影响,尽管现在被忽视了。正如马修·科林斯所言,"我们仍然生活在拉斯金试图描述的全新环境的影响中"[1]。

拉斯金的担忧仍然是我们的担忧。对他来说,总督的宫殿象征着一个充满活力的义明;对我们来说,他所吸取的经验教训与我们为孩子们所设想的教育以及我们希望他们因此为自己创造的未来有关。对拉斯金和莫里斯来说,人类创造力的价值与美的价值是密不可分的,这同时涉及他们如何将工作的组织(organisation)、目的和价值概念化的实践和伦理问题。正如莫里斯在他的《有用的工作和无用的辛劳》(*Useful Work Versus Useless Toil*)一文中所写的那样,"人在他最男人、最有抱负和最有思想的时候创造的美——这一切都是为了让人们自由、有男子气概和不堕落的快乐。这就是财富"。[2] 拉斯金曾向维多利亚时代当权派提出挑战,要求他们不要将财富定义为资本与经济实力的累积,而是用约翰·阿姆斯特朗的话来说,将其定义为"对美好事物的真正欣赏性的拥有"(appreciative possession):"一个国家越富饶,它创造和保留的美好事物就越多,最重要的是,其人民在享受和欣赏这方面的教育就越丰富。"[3] 把"国家"一词换成"学校",把"人口"换成"学生",我们可以用拉斯金针对维多利亚实业家的道德观念来批判性审视当前学校流行的创造力培养。这种重新思考不仅为艺术的教学、创造和欣赏提出了特定的道德目的,还将促使我们关注创造力和伦理之间的特殊相互作用,以及两者如何通过美建立联系。

1　In an episode of the Channel 4 series This Is Civilisation, broadcast on 8 December 2007

2　William Morris, op. cit., p. 91. I trust that we can readily agree to substitute 'human' for 'man' here, as doubtlessly would Morris himself if he were writing today.

3　John Armstrong, *The Secret Power of Beauty*, London: Penguin, (2005), p. 161.

创造力的歧义

创造力现在被牢固地确立为一种教育价值,这一点毫无争议。自20世纪50年代俄罗斯发射人造卫星在美国引起轩然大波以来,人们认为学生需要创造性和创新,而不是传统的和老套乏味的,这已经成为各国政府共同的国际关注,也是心理学家和教育者有利可图的生意,他们可以兜售测试,获得研究合同,设计课程和提供培训以刺激大脑发挥更大的创造力。创造力被所有享有教育既得利益者或多或少不加批判地接受;政治家和商界认为,在竞争日益激烈和全球化的经济中,创造力对新产品和市场的开发至关重要;受令人窒息的问责制体系侵扰的教师欢迎它,认为它可以打破僵化的课程规划,是重申他们个人价值观的机会;英国的艺术家和其他"创意专业人士"(creative professionals)已能够通过政府赞助的"创意伙伴计划"(Creative Partnerships)与学校合作找到工作。创造性管理、创造性学习、创造性教学法、创造性课程、创造性思维、创造性环境——如今,几乎一切教育内容都能被视为创造性的,并保证得到认可。美在教育话语中可能缺失,但创造力不仅存在,而且如此混乱不堪。

创造力有各种定义。1999年,英国文化与创造力教育咨询委员会(NACCCE)提出了英国学校当前的创新力定义:创造富有想象力的活动,以产生既有独创性又有价值的成果[1]。然而,共同的定义并没有导致对其价值的共同理解,也没有对其本质达成任何共识。这一点在最近一份名为《创造力的"修辞"》的出版物中得到了说明,它关注其支持者在教育中所采取的话

---

[1] NACCCE, *All Our Futures: Creativity, Culture and Education*, London: Department for Education and Employment, (1999), p.29.

语立场以及他们对教育的主张[1]。对于一些受过霍华德·加德纳（Howard Gardner）影响的人来说，创造力是从心理学的角度来理解的，最好通过关注天才来研究它的本质；对于那些欣赏像保罗·威利斯（Paul Willis）等作家作品的人来说，我们应该从社会政治的角度来看待它，因此关注年轻人如何与流行文化互动并创造性地构建自己的身份认同。其他的争论围绕着我们是否应该把它看作是一种自由浮动的、普遍存在的人格属性，还是只能通过文化实践来表达；换言之，是每个人在日常谈话和行动中都有具有创造性，还是创造力只能通过必须学习的特定文化实践获得合法的表达？那些最有权势的人强调创造力在经济和商业方面的重要性，而其他人则对此提出警告，担心创造性劳动力是一种委婉的说辞，指的是你可以定期解雇劳动力，并相信他们会有足够的适应能力获得新技能，为自己找到另一份工作。这个领域还有其他有争议的立场——创造力是天生的还是可以传授的；是一种认知功能还是一种文化现象；对社会是一种必然的善，还是可能产生反社会、颠覆性甚至危险的行为。

最后一点，质疑创造力在教育中的道德价值，虽然很重要，但几乎没有提及过，我们很快就会回到这一点。在学校里，人们普遍认为创造力本身是一种教育价值，这不仅模糊了其话语潜在的不连贯，而且掩盖了一个事实，即创造力作为一种人类价值的历史相对较短，比美要短得多。在中世纪，最初的单词"create"和"creation"在英语中只有宗教含义，只指上帝创造的世界，人类是他的"创造物"，他们自己不能创造。这种情况在文艺复兴时期发生了改变，

1　S. Banaji, A. Burn and D. Buckingham, The Rhetorics of Creativity: A Review of the Literature. *A Report for Creative Partnerships*, London: Arts Council England, (2006).

当时"创造者"(creator)一词开始被用来指诗人,因此也就是一般的艺术家[1]。"创造性的"(creative)这个形容词直到 18 世纪才开始使用,通常仍然指艺术家,因为他们被视为创造了在丰富、有秩和美丽方面与上帝自己创造的世界相比较的世界。直到 1875 年,"创造力"这个名词才首次出现在《牛津英语词典》中,约翰·霍普·梅森(John Hope Mason)认为,这标志着人类的创造力作为一种独立于精神和艺术的参照系的价值的理解最终在西方思想中占据了卓越地位。这一变化自引发工业革命的技术发明和商业创新爆发以来一直在加速。因此,一种基于艺术家道德愿景的创造(creation)概念,被一种创造力(creativity)概念所取代。艺术家是美的事物的创造者,这种创造概念融合了稳定、秩序和与自然和谐的价值观,而这种创造力概念反映了技术和商业的价值观,其特征是变化和创新,不稳定和破坏,竞争性和与自然相冲突。他认为,如果到了 19 世纪晚期,技术进步使这种创造力成为可能,那么经济条件就使它被视为既必要又可取[2]。再一次,与我们这个时代的政治言论有着明显的相似之处[3]。

霍普·梅森认为,西方传统中体现如此理解创造力特征的关键人物是普罗米修斯(Prometheus),他从众神那里盗走了火种,从而使人类能够利用大自然的力量来达到我们自己的目的。这里我们也可以考虑亚瑟·兰波(Arthur Rimbaud)这一人物,他是现代主义的先知之一,在 1874 年(日期的巧合意义重大),放弃了诗歌,然后搬到北非,在枪支和奴隶的贸易中过着高

---

1   See Raymond Williams, *Keywords: A Vocabulary of Culture and Society*, London: Fontana, (1983), p.82.

2   See John Hope Mason, *The Value of Creativity: The Origins and Emergence of an Idea*, Hampshire: Ashgate, (2003).

3   For a succinct examination of these, see Jonothan Neelands and Boyun Choe, 'The English Model of Creativity: Cultural Politics of an Idea', *International Journal of Cultural Policy*, vol.15, no.3, (2009).

度"创造性"的生活。创造力作为一种价值,现代主义作为一种运动,几乎同时出现,它们之间的象征性联系被玛丽·雪莱(Mary Shelley)的《弗兰肯斯坦》(*Frankenstein*)(副标题为"现代普罗米修斯"(the Modern Prometheus))一书的两种解读进一步强调。一种是霍普·梅森的解读,另一种是温迪·斯坦纳的解读。对施坦纳来说,这部小说是对崇高价值观的攻击,崇高是现代主义美学的特征;对霍普·梅森来说,这是对不受伦理价值观约束下人类创造力的警告。[例如,纵观整个历史,虐待者(Torturers)都证明了自己具有可怕的创造力。]两人都在弗兰肯斯坦的形象中看到了一个被痴迷于创造性野心所驱使的人,牺牲了其他不那么英雄化的人类美德,尤其是同情心。当他未能为怪物创造一个妻子时,斯坦纳认为这象征着她所谓的"崇高的讽刺"——将自由和创造力提升到爱、家庭与快乐之上,她认为爱、家庭与快乐对我们如何定义自己是人,即使不是更重要,也是同样重要[1]。霍普·梅森认为弗兰肯斯坦在这里的失败意味着我们必须在价值冲突中做出选择——一种充满活力、富有成效但耗尽一切的创造力还是一种温柔、低效但能提升生命质量的同情心,他认为这一选择在书的故事框架中得到了强调。小说一开始,船长罗伯特·沃尔顿(Robert Walton)在北极冰冻荒原上遇到了正在寻找怪物的弗兰肯斯坦。当弗兰肯斯坦讲述他的故事时,沃尔顿同情他,认同驱使弗兰肯斯坦创造怪物的英雄品质,以及驱使他踏上探索北极未知地之旅的冲动。然而,在小说结尾,沃尔顿的表现与弗兰肯斯坦不同,对其他人的感受做出了回应,在面对船员的害怕时,他最终折回放弃了自己的追求。相比之下,弗兰肯斯坦并没有经历这样的失败:"沮丧的并不是他的创造性冲动或能力。恰恰相反,他的创造力发挥得淋漓尽致。问题是,它只能

1　Wendy Steiner, *The Trouble with Beauty*, London: Heinemann, (2001), p.13.

以牺牲其他同等(或更多)的重要价值为代价。"[1]施坦纳认为现代主义对美的排斥就是对那些将我们与生活联系得最紧密的价值的排斥。像她一样,霍普·梅森在不受约束的创造力中发现具有同样可怕、不道德、激动人心但最终摧毁生命的可能性。现代主义的关键人物之一施托克豪森(Stockhausen)宣称9·11袭击事件是"整个宇宙最伟大的艺术作品……路西法(Lucifer)的杰作",也许并非巧合。正如彼得·康拉德(Peter Conrad)所评论的那样,"除了普罗米修斯,还有谁能为航空燃料罐引爆的大漩涡(maelstrom)负责呢?"[2]当然,施托克豪森的评论受到了广泛的谴责,但霍普·梅森在普罗米修斯的形象中发现一个细节,如果不是在路西法身上的话,这个细节让他不会为我们的毁灭性创造力而感到兴奋,而是瞥见我们孩子们生存的希望。他认为,我们需要记住,普罗米修斯不仅知道火能做什么,而且用茴香枝从奥林匹斯山盗取了火种,也显示出同样的意义。"普罗米修斯带给我们的知识",他总结道,"不仅仅是关于创造力和力量;也是关于如何控制它的问题。"[3]

这些对"不受约束"的创造力的潜在危险的担忧,尽管在教育话语中仍然有些沉默,但仍在表达。彼得·奥康纳(Peter O'Connor)指出,通常与恐怖分子发展相关的关键技能——灵活性、创新能力和提出令人惊讶的独创想法的能力,以及在团队和个人中自主工作的能力等等——在训练恐怖分子方面跟任何其他职业一样有用[4]。最近一期的《创造力研究杂志》(the Creativity Research Journal)专门出版了一期关于所谓的"恶意创造力"

1　John Hope Mason, op. cit., p.4.

2　Peter Conrad, *Creation: Artists, Gods and Origins*, London: Thames and Hudson, (2007), p.582.

3　John Hope Mason, op. cit., p.236.

4　In a keynote delivered to National Drama, UK, at Durham in April 2008.

（malevolent creativity）的特刊[1]，安娜·克拉夫特（Anna Craft），一位在教育创造力方面有影响力的英国作家，批评了在一些学校将改革（innovation）等同于创造力，并认为它本身就是一种善[2]。她关心我们提倡她所谓的"智慧的创造力"本质上是道德问题，这让我们回到了罗斯金和莫里斯，以及他们对"好"的创造性作品的特征，以及他们在这里看到的美和艺术表现的独特作用的看法。

　　本章其余部分构成了创造力之火与和美的茴香枝之间的舞蹈，并试图论证如何在校园环境中实现拉斯金的艺术愿景，它通过三个具体例子来解决一些实践问题。第一部分与第二部分分析了儿童作品的两个实例——一首诗，一幅画——并考察了促进他们创作的背景和教学法。在这样做的时候，我考虑了现有艺术作品的美如何帮助引导孩子们的艺术创作，引导他们表达自己的想法或对美的体验；实现这一目标的教学方式；称之为"创造性"是否对教育者有任何有益的启发。这些分析还考虑了创造与模仿、创造力与自我表达之间的关系，以及规则、传统和儿童艺术创作之间的联系。第三个例子将注意力转向皇家莎士比亚剧团教育部门最近的工作，因为我考虑如何将创造力视为教师的一个相关概念，这些教师希望学生重视像莎士比亚这样的伟大艺术家。我研究了创造性的教学实践如何使年轻人对莎士比亚的语言美敏感，以及当对叙事戏剧（narrative drama）的美学给予应有的关注时，如何吸引学生踊跃参与其情节。这些例子都旨在以不同的方式进一步解决拉斯金所暗示的另一个更重要的问题，即我们如何培养艺术教育的愿景，在这种愿景中，美可以给儿童的创作性工作带来伦理维度。

1　Creativity Research Journal, vol. 20, no. 2, (April-June 2008).

2　Anna Craft, 'Fostering Creativity with Wisdom', *Cambridge Journal of Education*, vol. 36, no. 3, (September 2006).

"世间一切美好"：美丽、创造力和自我表达

下面是二年级娃写的一首诗，作为一个关于宠物的跨课程科学主题的一部分：

> 我可以养一只宠物吗？
>
> 我们可以养一条狗吗？
>
> 一条鱼也行。
>
> 我们会清洗鱼缸，
>
> 我们会喂养它，
>
> 我们会天天关爱它。

我们也许会对这首诗背后的情感会心一笑，并赞同它所提倡的关爱态度，但我们很难在其中找到任何创造性的价值，无论是艺术上的还是其他方面的，即使是对一个六岁的孩子来说。老师对诗歌形式的选择似乎显得务实而简单的；诗歌帮助孩子们写作，因为它们很短，不需要太多的标点符号，允许重复，并在页面上为漂亮的绘画留有空间。它们很有创意，因为它们为孩子的情感表达提供了空间，在这种情况下，这些情感化约为她对动物的喜爱。其结果是肤浅的，这在课堂上太常见了。也许，这首诗有一个基本的模式，但没有发现诗歌其他手段，如节奏或意象，即使对一个六岁的孩子来说，内容也很老套。

这首诗发表在一本面向小学教师的书上[1]，揭示了一些长期以来在教育中普遍存在的关于创造力的基本态度和假设，而这些态度和假设不利于儿童通过艺术进行学习和创作。这些都体现在创造性自我表达的理念中，它源于卢梭的哲学，正如弗莱明（Fleming）指出，这种哲学的假设是"创作者的情感是质量的关键性决定因素，而不是作品本身"[2]。弗莱明称这种理解是错误的、失之偏颇的，因为它导致了在评价作品质量时的相对主义和不确定性。虽然最近人们关注促进教师对创造力的理解，但这种态度很难改变。我最近参加了一个为期一天的会议，庆祝艺术家、地方政府和小学合作一年的成果，该合作特别集中在通过艺术发展创造力方面。校长和老师们反复用"有创造力，没有对或错的答案"这句话来表达他们和孩子们从这个项目中学到的东西，但他们始终没有补充说，可能有从更糟糕的答案中判断得更好的标准。然而，当参观他们学校的艺术家们自己使用了这些误解时，老师们就很难被指责怀有这种误解[3]。

约翰·霍普·梅森认为，即使是寻找孩子们制作的艺术品中寻找创造性，我们也都是错误的。他认为，尽管这些作品可能充满想象力和趣味性，但它们绝不可能有足够的意义，值得被称为"创造性"。他引用了艾欧娜·奥皮（Iona Opie）的话来支持这一观点："孩子们并没有真正的创造力……他们没有发明任何东西。他们只是适应事物。他们对整体是保守者（Tories）

1　Jenny Frost, *Creativity in Primary Science*, Buckingham: Open University Press, (1996). Note also the glib comment from D. P Newton and L. D Newton: 'It is of course possible for children to be creative in other ways in a science lesson. They may, for instance, create a poem or a painting to express their feelings about what people are doing to their world'. See 'Some Student Teachers' Conceptions of Creativity in Science', *Research in Science and Technology Education*, vol. 27, no. 1, (April 2009), p. 48.

2　Michael Fleming, Arts in Education and Creativity: *A Review of the Literature. A Report for Creative Partnerships*, London: Arts Council England, (2008), p. 25.

3　This was something I observed on my visits to schools during this project.

对细节是无政府主义者。"[1]然而,这样的论点是基于定义而非实际用法,如果我们按照维特根斯坦(Wittgenstein)的建议,关注教师如何实际使用"创造性"一词,我们会发现绝大多数人认为写诗是一种创造性的活动。但这并不意味着孩子在写下这首诗时就创造出有价值的东西或者在这个过程中学到了什么;我们很难看出它符合拉斯金和莫里斯所主张的创造性工作的目的,用理查德•舒斯特曼(Richard Shusterman)的话来说,创造性工作应该提供一种"升华的审美体验,不仅给生命带来快乐,而且带来更生动、更高的存在感"[2]。

下面这首诗是一个九岁男孩在五年级第一个月时写的。它是基于迈克尔•莫尔普戈(Michael Morpurgo)的图画书《野兽布洛丹》[3](Blodin the Beast)跨学科艺术项目的一部分。在故事的高潮部分,一个名叫何西阿(Hosea)的小男孩,骑在一块由"世界上所有善"编织而成的地毯上,从追捕他的布洛丹手中逃过了一条河。然后,故事并没有说明这种"善"由什么构成:

> 我会在我的地毯上
> 编织一条金属蓝鲨鱼,闪闪发光
> 彩虹的味道,甜蜜痒痒
> 豹子的眼睛,闪耀光芒。

1　Iona Opie, New Yorker, 7 November 1988; cited in John Hope Mason, op. cit., p.231.

2　Richard Shusterman, *Performing Live: Aesthetic Alternatives for the Ends of Art*, Ithaca, NY: Cornell University Press, (2000), p.5.

3　See Michael Morpurgo and Christina Balit, *Blodin the Beast*, London: Frances Lincoln, (1995). For details of this project, see Joe Winston, *Drama and English at the Heart of the Curriculum*, London: David Fulton Press, (2004).

我会在我的地毯上

忧伤时，编织来自最好朋友的微笑

夜深时，我和我的泰迪熊在一起那刻

当我从绿松石下跳入河，水花四溅。

我将骑上巨浪

身后巨大的野兽紧追不舍

然后抵达我的目的地

布洛丹被汹涌的河水吞没。

这首诗的起源很有意义。每个孩子都为班级公共的"好地毯"贡献了一部分，这项任务是他们根据他们对世界上美好事物的想法进行设计开始的。当大多数女孩绘鲜花和大多数男孩绘足球时，老师并没有接受这些作为自我表达的合理例子，而是认为孩子们的想象需要一种更结构化、更吸引人的刺激。她求助于基特·赖特（Kit Wright）的儿童诗歌《魔法盒》（*The Magic Box*）[1]。这是一份转瞬即逝或想象的物品愿望清单，无法保存，尽管如此，诗人还是想把它放进他的盒子里。其中有些很美，例如夏夜的丝绸纱丽的唰唰声；其他有趣的，例如肚子咕咕叫的雪人。这首诗以歌颂想象力、欲望和自然美融合的诗句而结束，诗人想象着用盒子在汹涌的大西洋巨浪上冲浪，被冲到金色的沙滩上。孩子们在探究了这首诗的结构和意象之后，考虑他们想把什么放在自己的魔法盒子里，以诗中的诗句为范本，尽可能生动地表达这些愿望。只有当他们的工作顺利进行时，老师才将"我要放的盒子

1　Kit Wright, *Cat among the Pigeons*, London: Viking, (1987).

里"改成"我要织的地毯上",这对班上的学生来说是一种惊喜和启发,因为一些孩子立即掌握了这首诗与他们项目的相关性,以及它为他们设计的"好地毯"带来可能性。这个男孩的诗歌呈现在这里,他继续根据他开篇诗节中表达的三个意象来创作他的设计。

这很可能是"创造性教学"的一个例子,尽管我认为,将它描述为反思的、明智的、人性化的因此是有效的教学,这样会更有启发性。它也阐释了如何在实践中清楚地实现本章开头所表达的道德愿景。尽管孩子们从现有的诗歌中学习,但他们并不仅仅进行技术练习,而是在以一种帮助他们以新的和有趣的方式表达自己的欲望和愿望的形式进行对话。就我们的例子而言,这些毫不奇怪地从乖驯与安心转向了狂野与刺激。它们多半是男孩自己的想象,但正如尼格斯(Negus)和皮克林(Pickering)所言,"如果没有参考现有的规则、手段、方式和步骤",它们就不可能被创造出来[1]。从这个意义上讲,结构模式为他提供规则,让他可以在其中发挥语言的感性可能性及其创造美的意象的潜力,从而既解放了又塑造了他的自我表达。我们应该把这看作是一种基本的人性,因此是自然的快乐,尽管总是受文化形塑,这一点在卡特(Carter)对日常语言模式形成的创造力特征的研究中得到了有力论证[2]。这也体现在孩子们普遍喜欢童谣、双关语、笑话、圣歌和广告顺口溜中的非文字、更有趣的语言品质上。40年前,威尔金森和威洛比在广泛介绍席勒的作品时,抱怨说,学校不能利用这种偏好。他们抱怨"语言教学往往一方面是机械的、毫无意义的训练,另一方面是内在生活的乖僻和无规

1　K. Negus and M. *Pickering, Creativity, Communication and Cultural Value*, London / Thousand Oaks, CA /New Delhi: SAGE, (2004), p.68.

2　Ron Carter, *Language and Creativity: The Art of Common Talk*, London: Routledge, (2004), pp.18 - 21.

则的表达"[1]。此后，英国的《国家扫盲战略》（*The UK's National Literacy Strategy*）试图通过为不同写作类型的教学提供一个框架来解决这个问题，但这往往将诗歌教学简化为另一种去语境化的技术操练，例如，在这种操练中，孩子们学习了俳句的形式，但往往除了非常短之外，没有更好的理由想要写一首。

这个男孩的诗，在伦理和美学方面，都是高度语境化，以构成它的艺术作品为基础。如果说基特·赖特的诗帮助他在欲望和自然美之间建立了富有想象力的联系，那么野兽布洛丹的故事则为其增添了一个道德维度，其中地毯之美具有特殊的象征价值。布洛丹，一个喷油喷火的怪物，蹂躏了何西阿逃离的世界，插图把他画成像机器一样的活物。他代表着资本主义和技术不受约束的力量，奴役着全体人民为他服务，并在这个过程中糟蹋了地球。当这个机器般的巨大怪物被汹涌的河水吞没时，他挫败的那一刻充满了现代主义崇高的回声，但这也是一个美与自然联合击败他横冲直撞、放纵不羁的力量的时刻，何西阿骑在脆弱但美丽的地毯上安全抵达了"和平而富足之地"。当男孩在诗歌最后一节认同何西阿时，这首诗也唤起了这一点。

拉斯金评价总督宫殿的创造力的方式是，它的美展示了一种共同的道德愿景，尽管如此，工匠个体可以自由地表达自己，这是帮助我们判断这部作品创造性成功的典范。当然，孩子们对伪善的说教和过度道德化的教学法的抵制是相当正确的（quite rightly）；但在这里，老师和学生在这个项目期间共同的道德愿景，是故事不可或缺的一部分，不需要由老师说教，也不需要公开声明为预先确定的目标。拉斯金认为这种共同的道德愿景是好

1　Friedrich Schiller, *On the Aesthetic Education of Man*, in a Series of Letters, edited and translated by Elizabeth M. Wilkinson and L. A Willoughby, Oxford: Clarendon Press, (1967), p. cxciii.

的、创造性的工作的必要基础。

捕捉美丽与创造艺术

> 那么，那些渴望……的人又应该用什么方式来发展其创造美的能力呢？[1]

之前分析的那首诗创造性的关键是有一个范本供男孩模仿，其中形式的准则提供了一个结构，帮助他找到表达自己情感的词语。亚里士多德将这种模仿视为我们学习方式的核心，伊莱恩·斯凯瑞认为它是美的内在的教育力量。"美会复制它自己，"她写道，"它让我们把它画出来，把它拍下来，或描述给别人。"[2] 她还在模仿或复制美的对象与人类的创造力冲动之间建立了关键的联系，声称"通过延续（perpetuating）美，教育制度（institutions）有助于激发人们持续创造意愿"[3]。这种模仿和创造之间的密切联系是整个文艺复兴时期普遍存在的一种信念，当时伟大的古代艺术被视为当代艺术家模仿的典范。这一点直到 18 世纪才开始受到挑战，当时原创性的概念作为一种价值出现，并有了它的当代意义，与全新的发明有关[4]。浪漫主义者将原创性作为自由和创造性的艺术天才的关键品质，后来它成为现代主义工程（project）的核心价值，拒绝过去的艺术，攻击了传统的概念。

1　William Morris, op. cit., p.41.

2　Elaine Scarry, *On Beauty and Being Just*, London: Duckworth, (2001), p.4.

3　Ibid., p.8.

4　This arose, in England, during the famous quarrel between the Ancients and Moderns. See Noel Carroll's 'Art, Creativity and Tradition', in Berys Gaut and Paisley Livingston (eds.), *The Creation of Art: New Essays in Philosophical Aesthetics*, Cambridge: Cambridge University Press, (2003), pp.209 – 210.

因此,原创性现在被完全奉为当代创造力定义的不可或缺的组成部分,从而掩盖了艺术创作、模仿和传统之间的关系[1]。诺埃尔·卡罗尔(Noel Carroll)总结了我们所继承的常识性态度:

> 由于创造力的现代神话与原创性、自发性、自由、对个性的过分追求以及完全自主(self-determining)的概念联系在一起,它对艺术传统的观念没有耐心。传统阻碍了创造力和艺术自由,是因为它引入了一些被认为不是艺术家自己的东西。[2]

卡罗尔(Carroll)认为,这是"我们文化中艺术创造力的乌尔理论(Ur-theory),经常以自我表达的名义伪装"[3],然后他继续重新阐述案例,支持传统,声称它有助于而不是阻碍艺术创造力。他认为,传统作为一种对话,为艺术家们提供了各种各样的现场选择。这些并不是一套可以机械应用的规则,从而抑制了自由,相反,它们提供了项目和声音的丰富组合,一个"不仅包括艺术作品,还包括常规、技术、惯例、效果的范例集合"[4]。考虑到这一点,我建议研究通过适当参与艺术传统、常规和惯例来培养和表达孩子的自然美体验,并将其看作一种灵活的资源,而不是一个笼子,以激励孩子的创造行为,其本身就是美的。

---

1   As well as the previous defi nition provided by the NACCCE report, Berys Gaut suggests that '[o]riginality, value and fl air are the vital ingredients to creative making'. Margaret Boden suggests that 'creativity is the ability to come up with ideas that are new, surprising and valuable', whereas John Hope Mason defi nes it as 'to act in the world, or on the world, in a new and significant way'. See Berys Gaut, 'Creativity and Imagination' in Gaut and Livingston (eds.), op. cit., p.151; Margaret Boden, *The Creative Mind: Myths and Mechanisms*, London: Wiedenfeld and Nicolson, (1990), p.1; John Hope Mason, op. cit., p.7.

2   Noel Carroll, op. cit., p.211.

3   Ibid.

4   Ibid., p.218.

如果说教育中有个阶段不自觉地重视美的话,那可能是在早期,尤其是在那些受到现在很著名的瑞吉欧·艾米利亚哲学影响的学校。瑞吉欧哲学起源于意大利,它优先发展儿童的创造力,并特别重视艺术的视觉语言。在瑞吉欧学校,训练有素的艺术家通常被聘为全职工作室工作人员或主持人,与教师一起与孩子们合作。美国和英国教育工作者发表的大量出版物证明了学校的视觉之美和参与其中的孩子们制作的艺术品的卓越品质。苏珊·弗雷泽(Susan Fraser)和卡罗尔·吉斯特威基(Carol Gestwicki)的热情和语言并非不典型:

> 在瑞吉欧·艾米利亚的幼儿园,美丽的物品、盆景和一盆盆鲜花陈列在架子和桌子上,光线透过彩色的塑料条到处闪耀或被房间里的许多镜子反射。教室里如此明显的美是为了激励孩子们变得更有视觉意识,并激励他们自己创作美的艺术作品。[1]

倡导"尊重自然世界的美与力量是瑞吉欧方法的核心价值观之一"[2]。除此之外,密切关注课堂环境的美学组织,也被视为是至关重要的,所有的材料和作品都被精心展示;并清楚地认识到艺术是一种交流的方式,一种"形象的语言"(graphic language),拥有孩子们可以练习和学习的词汇。正如一位老师这样解释:

> 我曾经认为艺术对孩子们来说是一个重要的创作过程,但"不需要

1　Susan Fraser and Carol Gestwicki, *Authentic Childhood: Exploring Reggio Emilia in the Classroom*, New York: Delmar, (2002), p.221.

2　Ibid., p.217.

干涉""怎么样都行"。现在,我仍然非常重视艺术的探索性和感官方面,但会把这些方面与如何使用一系列媒介的教学结合起来……这样孩子们就能够用粘土、金属丝、颜料、黑笔等来交流他们的看法(theories)、理解和愿景。[1]

这种方法的有效性在结果中很明显[2]。这也与雷蒙德·威廉姆斯(Raymond Williams)的观点很接近,他在《创造性心灵》(*The Creative Mind*)一文中认为,艺术最好被理解为人类为了描述和交流经验而发展起来的一种特别强大的象征系统。他指出,科学研究表明,大脑必须学会根据嵌入在文化密码中的规则看待和理解感官信息:"在每个人身上,通过传承和文化学习这些规则,是一种创造,因为独特的人类世界,他的文化所定义的普通现实,只有在学习规则过程中才会形成"[3]。他认为,艺术是"一种带有强烈情感的普遍交流形式",但如果不分享"习得的交流系统的复杂细节和手段",艺术家以外的人甚至看不到,更不用说理解了[4]。各种各样的艺术都是创造性的,因为我们彼此共享一种"创造性的想象力",威廉姆斯将其定义为"发现和组织新的经验描述的能力"[5]。那些将灵感视为艺术家创造力源泉的观点,或者那些将灵感置于新颖性和独创性之中的最近观点,混淆了一个简单的事实,即艺术是一种共同体(communities)共享的语言、一种受文化形塑的语言。对威廉姆斯来说,成功的艺术创作就等同于宝贵经验的

---

1 Ibid., p.220.

2 See, for example, the numerous examples in C. Edwards, L. Gandini and G. Forman, *The Hundred Languages of Children: the Reggio Emilia Approach—Advanced Reflections*, London, JAI Press, (1998).

3 Raymond Williams, *The Long Revolution*, Harmondsworth: Pelican, (1965), p.34.

4 Ibid., p.46.

5 Ibid., p.42.

成功传递。从这个意义上说,我们可以看到,他对艺术作为一种强大的交流系统的理解补充了这样一种观点,即艺术传统应该被视为对创造力的一种帮助而非障碍,"使其得以展开的引擎或催化剂"[1]。

在瑞吉欧·艾米利亚那,创造性艺术作品的成功意味着语言和价值的两个方面一致;艺术作为一种形象语言来教,美通过教师创设的学习环境来培养,包括美的体验和表达。这些原则可能更难以满足课程要求以及大龄儿童的需求和兴趣的方式应用于学校教育的后期阶段。这有很多现实原因。但这并非不可能,正如下面的风景画的例子所示[2]。

一个由专业艺术教师组成的小组认为,对于一个 16 岁的即将获得普通中等教育证书(GCSE qualification)的学生来说,这幅画已经足够好了。事实上,这幅画是一个 10 岁女孩在为期一周的学校旅行中画的,她在德文郡的乡村(Devon countryside)绘图、写生和绘画。在此之前,这个女孩在艺术方面并没有表现出出色的天赋,但画面的色彩和质地(texture)的复杂性,以及它所唤起的情绪的强度和连贯性表明,她创作的这幅画不仅仅是一个快乐的偶然。通过关注其创作的背景和塑造它的教学法,我们可以看到自然之美是如何激发艺术创造力的,并考虑可以帮助孩子们创作自己的惊艳之作的语境与教学法。

这周伊始,给孩子们介绍了一系列的风景画,在接下来的几天里,这些风景画装饰了他们所住的旅馆——一个旧农舍旁的改建谷仓。这些画作取材于一系列传统,并展示了各种诠释方式(interpretations)和技巧。例如,对特纳(Turner)和印象派作品的复制,辅以鲜为人知的当地艺术家的水彩

---

1   Noel Carroll, op. cit., p.216.

2   To appreciate this painting and the later analysis, it needs to be seen in colour. This can be done by accessing the following Web site: http://www2. warwick. ac. uk /fac /soc /wie /staff / teaching-research /joe_winston /beauty_and_education.

图 5.1　十岁儿童的画

画和其他文化的画作,如 14 世纪王蒙的《秋山草堂图》(*Mountain in Autumn*)。为了让孩子们讨论和比较线条、质地和颜色如何帮助渲染画作的氛围(mood),定期将不同的画作组合在一起。在这幅特别的油画创作当天,临近周末,孩子们在外面度过了一个上午,配备了取景器和写生板。在最终选择了自己的位置之前,在不同的地点和不同的方向,他们被仔细询问到底能看到什么,在那里他们坐了一个多小时,裹着保暖的衣服,在十一月的寒冷中写生。所有孩子都选择在不同的、单独的位置创作,老师们会定期来访,询问他们的创作情况及看法。下午,他们回到旅馆,开始画画。在前一周的学校里,老师们调好了一系列原色——用聚乙烯醇胶(PVA)增稠的水中粉末颜料——把它们装在大罐子里带到中心。孩子们用来调配这些颜色的托盘,一次只能同时容纳少量的颜色,这是他们在学校艺术课上习惯的做法(process)。他们有足够的时间画画,其间老师们继续讨论、评论、赞扬和给个人提供建议。

当我写作时,我的桌子上和周围都有很多关于创造力的书。为了听取其中一本的建议[1],我决定随机挑选一本,给自己一个惊喜,我的手落在了马克·伦科(Mark Runco)主编的《创造力研究手册》(*The Creativity Research Handbook*)第1卷上。不到十秒钟,我就在一份"培养创造力的教师"(creat-ivity fostering teachers)的特征清单[2]中找到了。这些都不令人惊讶,其中包括合作、社会融合的(socially integrative)教学风格;鼓励学生灵活思考;促进学生自我评价;认真对待学生的问题和建议等(共九条)。值得注意和说明的是,没有提及教师的学科知识,也没有提及他们需要了解学生在任何领域工作的优秀作品的创造性品质,以及体现此类作品的传统。在另一页[3],列出了创造力的十个认知方面,包括积极的想象力、收敛和发散思维的能力、想出解决问题多种方法的能力等等。同样,这样的清单在现代教育中屡见不鲜,专注于潜力而非实际成就,故意将儿童的学习与任何特定的学科知识或人类努力的重要领域割裂开来。这样一来,创造力就变得失去重量(weightless),这是技术主义的另一种工具,其狭隘的工具目的和道德缺陷我们已经批评过了。我们不必过于努力地将这些标准中的大部分与这些老师和这个孩子的实际表现相匹配,而从未更接近他们成就的核心。

在这个案例中,创作过程是通过各种对话来建立和维持的——老师和孩子之间以及老师之间的对话;各种风景和用来捕捉它们的艺术传统之间的对话;从这些传统中得来的不同范例之间的对话;孩子们的眼睛能看到的

1　Mihaly Csikszentmihaly, *Creativity: Flow and the Psychology of Discovery and Invention*, New York: Harper Collins, (1997), p.347.

2　Cropley in Mark Runco (ed.), *The Creativity Research Handbook*, vol. 1, Cresskill, NJ: Hampton Press, (1997), p.98.

3　Ibid., p.93.

和他们被鼓励找到描述它的言语之间的对话；他们作为感知者、生产者和评价者之间的对话[1]。孩子们的个人经历私人体验（private experiences）与他们用来表达自身的材料和风格之间也存在着一种富有成效的张力（a productive tension）。这些材料和风格通过充当"过滤装置"帮助他们进行创作，诺尔·卡罗尔（Noel Carroll）认为这一点很重要："太多的选择导致瘫痪而不是创造力；太多的可能性，如果没办法缩小可供选择的范围，会阻止艺术家停下脚步，而不是促进新作品的创作。"[2]教师们精心的准备、规划和清晰的活动结构，以支持儿童学习，通过"过滤装置"，在不扼杀个人创造力的情况下引导个人创造力，以及通过教授学科本身固有的既定过程，例如使用速写板和取景器，得到强化。同样重要的是，他们对艺术的共同热爱和对艺术教学的热爱，通过他们所表现出的热情和活力向孩子们证明了这一点。但这个女孩一定是发生了其他什么事，才画出了她所画的画。

关于美，总有一些神秘而又熟悉的东西。策略和技巧对于创造美是必要的，但永远无法决定或保证美的表达。这一周的计划是为了让孩子们的所有活动都能聚焦在强烈而难忘的乡村体验上。11月，天黑得早，孩子们大部分时间都在黑夜中度过。一天晚上，他们搭建并点燃了一堆篝火，在上面做烧烤，睡前围坐在那听故事。另一天晚上，他们在附近的树林里散步，只有月光照耀着。这些都是来自城市学校的孩子，他们以不习惯的、通常不

1　I am particularly influenced by Alasdair MacIntyre's definition of a conversation as a dramatic work 'in which the participants are not only the actors but also the joint authors, working out in agreement or disagreement the mode of their production'. See *After Virtue: A Study in Moral Theory*, London: Duckworth, (1987), p. 211. For the analogous relationship between conversation and tradition, see also Michael Oakeshott's 'The Voice of Poetry and the Conversation of Mankind', in *Rationalism in Politics and Other Essays*, London: Methuen, (1962).

2　Noel Carroll, op. cit., p. 217. This concept of filtration he credits to Jon Elster, *Ulysses Unbound*, Cambridge: Cambridge University Press, (2000).

允许的方式与乡村互动,所有这些都很有趣,令人兴奋。当孩子们谈到接下来的一周时,他们似乎最难忘的是夜间远足。考虑到这一点,当我再次看到这孩子画的十一月阴沉的日子时,它似乎弥漫着这些夜晚的体验。中景群山的蓝色色调让人想起着月光的颜色与味道(quality);前景泥泞的田野里布满着红色的斑点,让人回想那晚的篝火,那厚厚的黑色油漆线也看起来像松木林中长长树干的薄影。前景的粗线条中,既有兴奋,也可能有害怕的激动,这与她用来描绘天际线正下方群山宁静而寒冷苍白的色调形成了鲜明对比。所有这些都同时存在于 11 月的灰色苍穹下,云层在下面的田野上投下了身影。她的作品的美妙之处在于它所传达的强烈体验,这是这位年轻女孩在一部非凡的作品中所捕捉到的一种对在寒冷的英国乡村度过五天五夜的情感回应。但作为一名教育者,我也被促成其创作的教育愿景打动,这种愿景从与大自然亲密接触所激发的童年体验中看到了美的价值。

通过创造性/审美教学法（AESTHETIC PEDAGOGY）重新创造莎士比亚语言之美

你不能指着那首诗;它只"存在"于个人思想(minds)对纸上黑色符号的再创造反应中。但是——一种必要的信仰——它是思想可以相遇的东西。[1]

在我们目前所考虑的两个例子中,孩子们已经利用现有的惯例来进行他们自己的艺术创作。从这个意义上说,学会欣赏与学会模仿和学会创造

1　F. R. Leavis, *Two Cultures? The Signifi cance of C. P. Snow*, London: Chatto and Windus, (1962), p. 28.

是携手同行的。至于莎士比亚的作品，欣赏美和创造美之间的区分变得更加复杂。如果要求考虑我们在哪发现莎士比亚的美，我们可能会提及某个场景，如《冬天的故事》（*The Winter's Tale*）的高潮部分，当里昂提斯（Leontes）见证赫敏（Hermione）的"雕像"复活时，或者李尔（Lear）把科迪莉亚（Cordelia）抱在怀里这一场景的悲痛之美。但对于那些喜爱莎士比亚的人来说，他的作品的美与他的语言是分不开的。用理查德·艾尔（Richard Eyre）的话来说，"戏剧活在语言中，而不是在语言旁边或下面。思想与情感在说话的那一刻就被释放了"[1]。

与莎士比亚的戏剧诗歌接触，就是体验语言最强烈、最美丽的表现力，然后，这往往会阻碍年轻人一开始接触戏剧。正因如此，金格尔（Gingell）和布兰登（Brandon）抨击了当前课堂上对创造力的强调，认为这种强调学生动手表现力强的创造力有损学习欣赏公认的经典作家的作品的好处和乐趣[2]。当然，这是巴纳吉（Banaji）等人[3]强调的话语立场（discursive positions）之一，遭到了那些指责其文化排他性和精英主义的人的强烈质疑；但它也接受艺术的创造和欣赏在某种程度上是对立的，正如我们所看到的，这是基于当前的假设，即创造力取决于原创和发明的行为，而不是模仿（或保护）和发现。

以莎士比亚为例，我们可以通过引用伊瑟尔（Iser）[4]和费什（Fish）[5]提

1　Richard Eyre, *Utopia and Other Places: Memoir of a Young Director*, London: Bloomsbury (1993), p.176.

2　John Gingell and E. P. Brandon, 'Special Issue: In Defence of High Culture', *Journal of Philosophy of Education*, vol.34, no.3, (2000), p.526.

3　S. Banaji et al,. op. cit.

4　Wolfgang Iser, *The Act of Reading: A Theory of Aesthetic Response*, London: Routledge and Kegan Paul, (1972).

5　Stanley Fish, *Is there a text in this class? The Authority of Interpretive Communities*, Cambridge, MA: Harvard University Press, (1980).

出的读者反应理论来质疑这样的说法。伊塞尔指出,任何给定文本本质上都是不确定的,其中必然会有"创造性的缺口"(creative gaps)或空白。这些都会触发读者的想象力,刺激她构建自己的意义,从而更深入地参与文本本身。费什也强调读者不可避免地需要利用阅读过程中带来的解释性假设和步骤(procedures),积极在想象中重新创造文本。当我们考虑到戏剧(play)文本的性质时,这些建构主义立场特别有说服力,因为戏剧文本中有很多东西没有具体说明,例如,任何台词的语气,以及说话者的情绪,无论他们所说的话表达了真实的感情,还是掩盖了它们。如果要与文本接触,更不用说欣赏文本了,这些和其他"创造性的缺口"必须由读者自己跨过(negotiated)和填补。在这个过程中,读者通过角色的话语中发现它们来创造自己的意义。当然,这种意义的创造可以由老师来指导,但它不能被强迫或指使。正如科林伍德所说,"创造某种东西意味着使它成为非技术性的(make it non-technically),但又是自觉自愿的"这是由"那些知道自己在做什么的人实现的,即使他们事先并不知道事情将会变成什么样"[1]。

读者反应理论与卡特(Carter)和克拉夫特(Craft)关于创造力的论著作一致,这些论著强调创造力在认知过程中普遍存在,并帮助我们将发现本身理解为一个创造性的过程[2]。因此,原创性的问题被轻易地避开了(bypassed),成为诸如个人创造力(P-creativity)之类的概念——一种个人意义上的创造行为,对个人而言是新的——而不是历史创造力(H-creativity),在历史创造力这里,原创性被定义为具有历史意义的创新[3]。从

1　R. G. Collingwood, *The Principles of Art*, Oxford: Oxford University Press,（1958）, pp. 128 – 129.

2　Ron Carter, op. cit.; Anna Craft, *Creativity across the Primary Curriculum: Framing and Developing Practice*, London: Routledge,（2000）.

3　Anna Craft, op. cit.; Margaret Boden, op. cit.

这个意义上说,当我们第一次理解或欣赏某样东西时,我们都有最初的发现,因此具有创造性。但所有这一切都以原创性(originality)为前提,正如我们目前所设想那样,它是创造性的必要方面。

罗伯·波普(Rob Pope)在他对创造力主题的后现代主义方法中,正是研究了这样的假设,或者更准确地说是"解构"了这些假设[1]。在研究我们与创造力联系起来的词语中隐藏的价值和从属意义(subordinated meanings)的过程中,他提出了一些具有启发性的建议,可以帮助我们理解对莎士比亚的积极欣赏如何是伦理的(ethical)和创造性的。例如,关于"原创性"(originality)这个词,他提醒我们,直到 18 世纪才获得了"新颖"和"创新"的当代含义[2]。在那之前,它意味着回到一个开始,回到起源,一些短语中仍很明显地保留着残余的含义,比如一个地区(country)的"原著居民",或者,实际上,一个词的"原初含义"。因此,从这个意义上说,当我们努力在文本自身中寻找"原初的"含义时,我们可能会认为,我们与莎士比亚的接触是"原初的"——这是一种保护主义者(conservationist)的态度,因为它融合了新旧的价值,认识到两者的必要性。同样,波普建议我们仔细考虑"再创造"这个术语,以及它如何同时暗示出一个比目前设想的更广泛、更具有伦理性的创造力概念。当然,"娱乐"(Recreation)一词,我们把它与放松和提神的愉快活动联系在一起;前缀"re-",含有"再次"的意思,包括而不是排除模仿或重复的概念;但由于它也带有"重新"(afresh)的含义,它意味着"伴随变化的重复,而不仅仅是——如果有的话——完全的复制(absolute

---

1　Rob Pope, *Creativity: Theory, History, Practice*, London: Routledge, (2005).

2　Pope traces this to Edward Young's Conjectures on Original Composition, published in 1759. John Hope Mason suggests we should look even earlier to the first Copyright Act of 1710.

replication)"[1]。那么,这是一个持续性与创新性兼备的创造力概念,他认为这意味着一个比通常更具"回应性"(responsive)和"负责任"的愿景:

> 那里的重点往往放在狭隘现代意义上的"新的""新颖的"和"原创的"……再创造(Re-creation)为保存和维持以及重塑和刷新留下了更多的空间,同时抵制保守的、反动的、不假思索的仅仅是本能反应的冲动。[2]

因此,我们可能争辩道,那些让我们能以更新和维持的方式重新创作莎士比亚原初文本的活动是创造性的,从而允许它以新的和复兴的方式传留下去。这与拉斯金的立场相呼应,即我们应该学会通过创造和保留的行为来欣赏和维持我们文化中的美与善。它还提出创造性参与是最佳的欣赏形式,这一观点与任何精英主义立场截然不同,这意味着莎士比亚的天赋应该被高举,应该被尊重、欣赏与敬仰。因此,它将我们的注意力转移到对教学法的深思,在波普的意义上,让学生通过重新创造的方式实现刷新、振兴和欣赏莎士比亚的语言之美。

近年来,英国皇家莎士比亚剧团(RSC)的教育部门一直在与英国各地的教师合作,通过一种反映其自身创造性方法和价值观的教学方法来改进莎士比亚的教学。这些方法的核心是由西塞莉·贝瑞(Cicely Berry)开发的莎士比亚语言的使用方法,这种方法受到了杰里米·艾恩斯(Jeremy Irons)和特雷弗·纳恩(Trevor Nunn)等著名演员和导演的称赞。她的方

1　Rob Pope, op. cit., p.88

2　Rob Pope, op. cit.

法具有强烈的身体性和趣味性,通过嗓音(voice)探索诗歌之美——语言的肌肉性、声音的感官性、动态的节奏与节奏型。据贝瑞而言,这里我们不仅发现了莎士比亚的魅力,还发现了他本质上的戏剧意义。因此,例如,她会选一段,如第1场第3幕奥菲利亚的独白,让表演组一起大声朗读,然后重读一遍,只发元音。这立刻引起了人们对她结束语中占主导地位的延长元音的悲伤哀号性质的关注:.

> 啊! 我的命好苦,
>
> 谁料昔日之繁华,化作今朝之泥土!

有时,她会拍摄两个角色之间发生冲突的场景,并将其作为 tig 游戏进行身体对抗,或一个足球两个球门(goals),或其中一个试图对另一个进行身体攻击,其他球员有责任(duty)阻止他们这样做[1]。她强调,这样做,本质上是帮助发现文本中已经存在的东西,打破先入为主的模式,释放她所谓的“语言的身体活力”[2],或者用约翰·阿姆斯特朗的话来说,我们可以称之为其美的隐性力量。

通过调整这些方法,使之适合与中学生合作的英语教师时,英国皇家莎士比亚剧团将身体上的、创造性的语言游戏(play)作为释放其魅力的关键。因此,围绕着所选对话或独白的活动可以学生们齐读,围成一圈,肩并肩站立;单独读,在每个标点符号处变换读者;齐读选定的台词(lines),强调每句台词抑扬顿挫的节奏(如“一匹马,一匹马,用我的王国换一匹马”)。双人扮

---

[1] These examples are taken from a workshop I attended, led by Cicely Berry at the RSC in 2007.

[2] Cicely Berry, *The Actor and the Text*, London: Virgin Publishing Ltd, (1993), p.199.

演可以让学生背靠背坐着，每人扮演不同角色，在肩膀上默契地（conspiratorially）地低语台词；然后相距十英尺站着，重复这个练习，这次是互相大喊台词。学生们可能会被要求把每句台词都简化成他们认为的关键词，并用有力的身体姿势说台词。他们可能会被要求尝试一个角色固定在原地的场景，另一个角色可以移动到他们喜欢的任何地方；或者每个角色在任何表演时都有三个动作选择——转身，移向或远离彼此。每次排练结束后，学生们将与他们的合作伙伴和班级讨论他们所做的选择及其原因，并被要求评价他们的适当性。通过这种方式，戏剧中的人物就可以开始为他们而活，借用柯勒律治的话说，诗人的话变成了他们自己的话。

当然，与任何一套技巧一样，这些策略的危害在于，它们只不过是学生要做的一系列事情——奥克肖特的纯粹行为（mere activity）的世界，而不是有目的的行动。杜威的双重敌人"完全的任性或纯粹的例行常规"（utter caprice or sheer routine）仍埋伏着等待上课没有条理的教师[1]。因此，利用哪些活动以及如何系统安排这些活动是教师（artistry）的关键；因为，我们从杜威那里学到的那样，一节课的美学形态（aesthetic shape of the lesson）将为学生提供一种统一、连贯和完整的感觉。用他的话来说，"美学不能从理智（intellectual）经验中明显地区分出来，因为后者必须具备美学特征自身才完整"[2]。他认为，这种经验在结构上的本质是叙事性的，他把它比作一次旅行，其成功取决于我们前进的步伐："如果我们走得太快……体验的是慌乱、浅薄和困惑。如果我们在获得了纯粹的价值后（extracted a net value）拖延太久，经验就会因空洞而消亡。"[3]换言之，如果我们忽视了我们需要如

1　John Dewey, *Art as Experience*, New York: Perigree Books, (2005), p.58.
2　Ibid., p.40.
3　Ibid., p.58.

何从美学上塑造它们,从而使这些话语(the words)能够释放它们的能量并编织它们的魅力,那么专注于用创造性的方法来教莎士比亚是毫无意义的。

考虑到这一点,通过一个简短的例子,让我们看看如何处理哈姆雷特第1幕第2场哈姆雷特和霍雷肖之间的对话[1]。在这一场中,哈姆雷特被他的朋友告知,他刚刚去世的父亲的鬼魂正在埃尔西诺(Elsinore)的城垛徘徊。它经过编辑,使其在大约50分钟的一堂课便于管理,旨在将剧本介绍给11到12岁的班级学生。

上课一开始,全班围成一圈坐着,老师扮演霍雷肖的角色。"你相信鬼魂吗?"他问道,"我也不……直到这天晚上。"然后,他用恐怖的语气向孩子们描述了第1场的事件,死去的国王的鬼魂出现在守卫士兵们的面前。他解释说,他现在必须把这个消息告诉国王的儿子哈姆雷特,他把哈姆雷特当朋友。他该怎么做?学生们给他提供建议,他倾听;学生问他问题,他尽力回答,告诉他们国王最近去世了,以及王后在这个过程中与他的兄弟再婚的消息。然后,四人一组,学生们被要求再现鬼魂出现的场景,就像图画小说(graphic novel)中的图像一样。每一组都有与图像索要说明的第1场不同的台词,例如"你是什么鬼怪,胆敢僭窃先王出征时的神武雄姿?"或"不要走,说啊,说啊! 我命令你,快说!"他们可以选择如何说出自己的台词,无论是通过个人还是异口同声(chorus)。

然后,递给孩子们霍雷肖(Horatio)和哈姆雷特之间的场景剪辑版本,其中省略了警卫这一角色。这些剪辑是为了保持两者之间交流的节奏。

霍雷肖:殿下,我想我昨晚看见他了。

1　The following scheme of work is drawn from a workshop led by myself and Helen Lloyd of the RSC Education Department in January 2009.

哈姆雷特:看到了? 谁?

霍雷肖:殿下,您的父王。

哈姆雷特:我的父王?

圣父在上,快说!

霍雷肖:一连两个晚上,三更半夜,周围一片死寂,

幽灵来了:我认识你父亲。

他们的手彼此很相似。

哈姆雷特:你有没有跟他说话?

霍雷肖:殿下,我说了,但他没有回答我:不过有一次,我觉得他好
像抬起头来,像要开口说话似的,可就在那时,晨鸡高声啼叫了起来,他
一听到鸡叫声,瞬间便隐遁不见了。

哈姆雷特:那你有没有看见他的脸?

霍雷肖:哦,看见了,殿下。他揭起了脸上盔甲。

哈姆雷特:怎么,他看上去愁眉紧锁么?

霍雷肖:她的脸上悲伤多过愤怒。

哈姆雷特:他盯着你看么?

霍雷肖:一直盯着。

哈姆雷特:真希望当时我也在场! 今晚我也去守夜;也许他还会
来。倘若那鬼魂以我尊贵父王形貌出现,我要跟它说
话,哪怕地狱张口,令我噤言。

全班同学肩并肩地齐读这剧本,接着老师邀请孩子们询问他们不理解
的单词的涵义。这一场重读一遍,每个标点符号处更换读者。然后,孩子们
通过选择之前介绍过的训练活动进行演练。窃窃私语大声叫喊的活动特别

适合，因为前者显然更合适，可以通过问这样一个问题来赋予意图：他们会为什么窃窃私语？谁可能会不想听他们的话？哈姆雷特说话时保持不动所产生的不同感觉（震惊？冷静？决心？）与不断移动（激动？兴奋？）时产生的不同感受，也是有趣的探索，将整个对话简化为关键词的挑战亦是如此，关键词取自每个角色的交流。

这节课需要在一丝期待与反思中结束。为什么哈姆雷特要和鬼魂说话？鬼魂可能想告诉他什么？孩子们怀疑是什么"谋杀"（foul play）？鬼魂可能想让哈姆雷特为他做点什么吗？也许，什么？孩子们分享他们自己的想法，并确信他们将在下一节课中得到答案。因此，这种完美感与我们看一集最喜欢的电视剧时的感觉相似；它还没有结束，我们想在下周收看，但这一集本身就很连贯，令人满意。通过这种方式，孩子们将被引入到这部戏剧的学习中，并随其剧情的发展而发展。结合讲故事来连接特定的场景，这必然是有选择性的，老师会进行选择，以便为这些年轻的学生提供一个连贯和合适的焦点，即哈姆雷特是否应该为他的父亲报仇和他们认为在戏剧的关键时刻他应该做什么——当奥菲利亚显然对他的行为感到苦恼时；当他注意到有人躲在他母亲卧室的窗帘后面时；当他站在克劳迪斯（Claudius）后面，谁跪在教堂里祈祷？这与他的实际所为相比如何？莎士比亚的诗歌将是这场美学、智力和道德旅行的核心，因为全班在以滋养他们富有想象力的生命的方式重新创作它。而创作这部作品的关键是一种对戏剧本身的审美节奏敏感的创造性教学法。

* * * * * * * *

约翰·霍普·梅森在对创造力作为一种文化价值的出现进行历史研究时，毫不犹豫地指出了它所遗留的问题。毫无疑问，人类的创造力为发达国家提供了现代技术所带来的舒适、快乐和便利,但在这个过程中,它使数百万人受剥削与贫困,现在威胁到地球自身未来的可持续性。因此,他总结道,如果我们要从我们创造的未来中拯救自己,我们需要找到一种新的创造性意识。他声称,艺术创造不再为我们提供一个可行的、道德的愿景替代不道德的、猖獗创造力的愿景——至少在我们继承的艺术家的概念中不是这样,作为一个思想自由、英雄般的创造者,在他的抱负(aspirations)中像神一样[1]。这是彼得·康拉德(Peter Conrad)在他的艺术创造性(creativity)文化史上的立场。"无论好坏,"他用尼采的(Nietszchean)口吻总结道,"人现在是他自己的神:既是世界的建造者,也是世界的毁灭者":

> 也许我们没有权利拥有这样的权力,而这可能是我们失败的原因(undoing)。但是,现在后悔那些无法控制的、无价之人(invaluable beings)的鲁莽(audacity)已经太晚了,他们首先质疑对思想和梦想的限制,用自己的创造来补充大自然,并以艺术家的身份出名——因为没有更好的词。[2]

然而,两位作者都是通过现代主义视角,不加批判地看待创造力和艺术的。这也许不足为奇,因为正如我们所看到的那样,崇高的英雄美学与不受约束的创造力价值观如此契合。在这种情况下,当代艺术课程将无法提供这种对新的、创造性意识的探索,不同于现代主义在政治、文化和技术领域已经

---

1 John Hope Mason, op. cit., Chapter 11.
2 Peter Conrad, op. cit., p.584.

显示的（registered）英雄般的希望和梦想[1]。但霍普·梅森进一步提出了一个有趣的观点,建议我们放弃艺术家作为英雄或反英雄的愿景,转而选择更温和、更公共的艺术表达形式,日本花园的创造和培育就是他的例证。他说,在这样的愿景中,"我们会像重视创造者一样(也许更)重视策展人(curator)"。[2] 这是重申那些我们已经看到的与美一致的价值观,那些价值观可以引导我们孩子的创造力,让他们对自然的节奏和魅力敏感,鼓励他们把保护和保留美的事物看作是公共利益,并引导他们自己的个人创造力。这就是拉斯金和莫里斯的愿景(vision),也是我在本章中一直主张的观点。这就是伊莱恩·斯凯瑞在美的独特的、创造性动力(dynamic)核心中所看到的——它的前进的势头被回到过去、重新发现和学习过去的美这种持续冲动所平衡:

> 美的柔性或弹性——驱使(hurtling)我们前进和后退,要求我们开辟新领域(ground),迫使我们不仅要回到刚刚离开的地方,还要回到更早,甚至古老的地方——是教育意识的柔性与不稳定性(lability)的典范。[3]

1　The political aspirations and revolutionary aesthetics of such artists still have great appeal for many secondary teachers. The plays of Brecht, the art of Picasso, the music of Schoenberg, the poetry of Eliot.

2　John Hope Mason, op. cit., p. 236.

3　Elaine Scarry, op. cit., p. 46.

第六章　科学与数学教育之美

科学与艺术教育：两种文化？

> 文化是思想的活动，是对美与人文情感的感受力（receptiveness）。[1]

我受过的科学教育很差。上小学时，我们没有科学课，甚至没有自然研究，直到最后一年，我们都是从课本上抄袭段落和线条图。上文法学校时，我在一个科学实验室遇到了真正的科学，一开始就讨厌它。这个实验室毫无美感，让我想起了我见过的维多利亚时代车间（Victorian workshops）的照片。我记得那里黑暗而阴郁，长长的椅子上覆盖着一层黏糊糊的黑色抛光剂，我可以用指甲在上面刻下我的名字，那里的空气似乎被挥之不去的煤味或某种不确定的化学实验产生的恶臭永久地污染了。我一年级时，老师年岁已高，白发苍苍。我们的班主任（form teacher）告诉我们，他是一个才华横溢的人，曾在第二次世界大战中从事雷达工作，但他的沟通能力与他的才华恰恰相反。他说话带着轻蔑的语气，仿佛他说的每句话都是那么浅显

1　Alfred North Whitehead, The Aims of Education, Presidential address to the Mathematical Association of England, 1916, available at http://www. eco. utexas. edu /acstaff /Cleaver (accessed December 2008).

易懂，只有傻瓜才无法理解，而我总是在他的课上感觉自己非常愚笨。我们知道，他还是个酒鬼，偶尔会在课堂上听写笔记（dictating notes）时睡着。然而，我们非常害怕他，每当他打瞌睡时，我们都会在凳子上一动不动，直到他醒来。我二年级的经历也好不到哪里去，因为这位新老师对小组学习采取了不干涉（non-interventionist）的方式，并且认为我们的知识比实际情况要丰富得多。因此，虽然我可以画出不错的图表并能记住有关实验的笔记，但我几乎从不理解其中发生了什么，也几乎不想知道。我记得，每当他在黑板上平衡一个方程式时，除了总是坐在前面的三四个数学天才，我和班上其他同学都难以理解。因此，当我二年级结束时，在历史和西班牙语或物理和化学之间作为选择时，没有任何犹豫。我学习生物学到 O 级，但我的物理和化学教育在 13 岁时戛然而止，令人不满意。

因此，这一章对我来说提出了一个特别的挑战，因为它涉及我在学校没能建立认知和情感联结的科目。它的指导思想是试图弄清楚科学家和数学家提出的美的概念如何帮助年轻人建立这样的联系。这项研究有两个理论框架，一个是心理学的，另一个是文化的。这些旨在阐明教师如何将学生引导至科学和数学带来的快乐和满足中；顺便说一句，它们有助于对当前支持学校课程中艺术和科学协作的思想进行批判性的审视。

科学教师（还有数学教师）面临着一个特殊的教育挑战，这对艺术和人文学科的同事来说不那么明显，这集中在他们的学科所处理的概念类型上。艺术通常关注我们可以有效称之为"近距离经验"（experience-near）概念，格尔茨将其描述为那些有人"可以自然地、毫不费力地用来定义他或他的同伴所见、所感、所思与所想象等等的概念，当其他人也同样应用时，他会很容易理解这些概念"[1]。另一方面,"远距离经验"(Experience-distant)概念被这样或那样的专家用来"推进他们的科学、哲学或实践的目标"[2]。爱、恐惧、沮丧、尴尬和其他无数的人类情感对孩子来说是"近距离经验"概念,例如,家庭、友谊、诚实、残忍、善良以及与共同人类的经验相关的许多概念也是如此。相比之下,化合物、变态发育(metamorphosis)、光合作用、代数、长除法和无穷大都是"远距离经验"概念。当然,这里可能受到强烈的文化或阶层影响;如果我的父母有一位是动物学家或园艺爱好者,那么变态可能不会那么遥远。正如格尔茨所坚持的那样,这些类别只是程度问题,而不是两极对立的问题,至关重要的是,我们不应该认为一种概念绝对(implicitly)比另一种概念好。然后,在特定的学科中,我们不得不这样做,且差异已超出了概念本身的内容,进入到它们所采用的表现方式。无论诗歌韵律的复杂性还是颜色混合的复杂性,诗人和画家所使用的材料在某种意义上是直接性的——文字、声音与节奏、光线、颜色和纹理。但是数学家和科学家所研究的抽象概念远远超越了经验的直接性,并发展出更难的、更具象征性的(figurative)、更"遥远的"语言来简洁且连贯地表达他们的思想。我可能对绘画一无所知,也不知道怎么吹小号,但这并不妨碍我对维米尔(Vermeer)的一幅画或迈尔斯·戴维斯(Miles Davis)演奏的《未曾入我心》(*It Never Entered My Mind*)等曲调做出强烈反应。而另一方面,一个复代数方程(A complex algebraic equation)或一个革命性的化学实验的论述,却不那么容易入门。抽象是数学与科学思维的核心,它必然会将概念压缩成符号系统,试图定义自然法则(natural laws);它无意捕捉人类所经验的自然。如果说

1　Clifford Geertz, '"From the Native's Point of View": On the Nature of Anthropological Understanding', in *Local Knowledge: Further Essays in Interpretive Anthropology*, New York: Basic Books, (1983), p.57.

2　Ibid.

数学与科学存在着美,那么,它与我们在艺术中发现美的顺序(order)不同,因此,引导孩子们体验美的挑战更大。

事实上,我这么小的时候就在一所备受尊敬和非常成功的文法学校被允许放弃科学,这可以被视为文化性格(cultural dispositions)的反应,而不是像 C. P. 斯诺(C. P. Snow)著名论断那样认为有概念上的原因[1]。斯诺在 1959 年声称,一方面是文学知识分子,另一方面是自然科学家。至少在英国构成了两种截然不同的文化,彼此极度不信任,既不相互理解,也不相互尊重。斯诺声称,那些拥有政治权力和社会影响力的人往往属于文学文化,对科学知之甚少或一无所知,认为科学乏味且功利,没有文化,因此低于他们;然而,几乎没有受过人文教育的科学家,则对文学文化不屑一顾,认为它是基于一种低劣的、主观的知识形式。这个问题很严重,因为世界正处于电子和自动化领域的一场新的科学革命的边缘,这场革命将带来比一个半世纪前的工业革命更深刻的变化。斯诺认为,世界上最富有的国家中英国的科学教育最差,除非对科学的偏见得到解决,否则这种情况将继续下去。如果不是这样,那么这个国家将会发现自己既无法制定政策也无法成功地管理解决国家和全球问题所需的新的科学发展,从而造福于富人和穷人[2]。

斯诺的演讲被证明极具影响力,50 年过去了,他对电子和信息技术革命的预测基本上是准确的,而他的“两种文化”概念似乎已被教育和媒体的随后回应证实。历届政府都为促进科学和科学教育做出了相当大的努力,现在英国所有的学生都必须学习科学直到 16 岁。“有文化”的广播节目例如 BBC 的《我们时代里》(*In Our Time*),有意识地试图通过定期讨论来自

1　C. P. Snow, *The Two Cultures*, Cambridge: Cambridge University Press, (1959).

2　For a useful summary of Snow's argument and the resultant controversy it sparked, see Peter Watson, *A Terrible Beauty: The People and Ideas that Shaped the Twentieth Century*, London: Phoenix Press, (2001), pp. 468 – 470.

科学界以及哲学、文学和艺术界的问题来弥合（bridge）这两种文化；如今，我们得知，阅读大众对科学的兴趣比过去大得多[1]。然而，当我们考虑到美在科学教育中的地位时，仍然有理由对斯诺的分析持怀疑态度。F. R. 利维斯（F. R. Leavis）对他的论点的著名回应有助于我们理解其原因。

利维斯的反驳经常被回忆起来，主要是因为那次尖酸刻薄的人身攻击语气，但随后的许多重新评价都认为，他的批评从根本上是正确的。利维斯认为斯诺对文化的概念化过于简单和天真。对利维斯来说，文化不仅仅是一种知识（intellectual）传统，在这种传统中，人们不假思索地做出相同反应；文化为一个社会提供了知识，将它与过去有机地联系起来，并从中获得了评论当下价值观的批判能力[2]。因此，当代文化的任务之一是"设计一种教育，其方法和内容[将]为其接受者提供足够的共同的前提和思想，使他们有效地团结起来，从而对他们所处时代的问题产生有效的影响"[3]。事实上，由于其中许多问题不断来源于迅速扩大的科学技术领域，这是一个紧迫的挑战，但仅仅通过斯诺所呼吁的更普遍的科学素养教学是无济于事的。相反，这是一个植根于语言的挑战，需要从比教一套科学定律或科学方法的简化语言更根本的层面上加以解决。学生们需要一种教育，了解那些科学和人文学科工作者实际上如何利用语言来思考。利维斯写道："思考是一种很难的艺术，需要在任何特定领域进行训练和实践（training and practice）。"[4] 亚瑟·斯坦纳（Arthur Stinner）认为，在这里，我们发现了一个常见且持久的

1　Peter Watson, op. cit., p.470.
2　See Arthur Stinner, 'Science, Humanities and Society—The Snow-Leavis Controversy', *Interchange*, vol.20, no.2, (Summer 1989).
3　Ibid., p.20.
4　F. R. Leavis, *Two Cultures? The Significance of C. P. Snow*, London: Chatto and Windus, (1962), p.17. Later in the essay he wrote, 'There is a prior human achievement of collaborative creation ... one without which the triumphant erection of the scientific edifice would not have been possible: that is, the creation of the human world, including language' (p.27).

误解,斯诺的立场忽略了这一点,即嵌入在科学论文和教科书中的"作为一种建制的科学"(science-as-an-institution)的语言,是科学家思考的语言。但事实并非如此:科学探究的那些私人方面的语言特征,即斯坦纳所说的"形成中的科学",是富有想象力和创造性的,"具有主观性、模糊性和隐喻表征必要性特征"[1]。然而,这种语言的创造性使用,是促成科学成就努力中不可或缺的部分,却几乎总是被公众观点(public view)所遮蔽。

当我们考虑学生可以在哪发现科学之美时,这些批评是有益的——这并不依赖于与艺术的任何合作。如今,这种合作很普遍,往往是一种接受两种文化观点的语言;知识有两大独立的支柱,需要在它们之间架起桥梁。而问题是,这可能会使这样一种糊涂的假设永久化(perpetuate)即艺术将给科学带来想象力、创造力和乐趣,反过来,科学又将为艺术带来实质性的重要知识[2]。这意味着,科学,就其本质而言,本身是枯燥的,除非给予它们自己的概念领域之外的推动,而反过来,相比之下艺术产生的知识是空洞虚幻的。正如我们所看到的,艺术本身并不是比科学更有创造性、想象力或表现力的知识形式,而是涉及更接近于人类普遍经验(general human experience)的概念。如果艺术能为科学老师提供的东西,并不是想象力与创造力,而是一系列实践,可以将遥远的科学概念与学习者更直接地联系起来。这与其说是艺术的作用,不如说是艺术性(artistry)的作用;更准确地说,它提出了从美学角度思考他们的教学法可以帮助教师将科学之美带入

1　Arthur Stinner, op. cit., p. 21. The categories he attributes to Holton. See D. Holton, *Thematic Origins of Scientific Thought: Kepler to Einstein*, Cambridge, MA: Harvard University Press, (1975).

2　This is implied as a common misconception in Per Morten Kind and Vanessa Kind, 'Creativity in Science Education: Perspectives and Challenges for Developing School Science', *Studies in Science Education*, vol. 43, (2007).

课堂。[1]

这些初步的观点为本章现在要解决的问题提供了必要的指导。我们从研究科学和数学中美的本质开始，正如那些从事学科研究的人所理解的那样。具体谈到科学家如何利用语言，然后我们考虑隐喻在科学思维中的作用，以及它如何帮助科学教师利用他们的学科固有的美的力量。具体看看教育学与艺术学，然后我们转向表演的语言与美学，以重新确立在大众科学教育中被忽视的文化传统。最后，考虑利维斯的观点，文化和教育的关键作用之一是帮助我们批判性看待当前问题，我们将伊甸园项目（Eden Project）作为一个例子，阐述美如何帮助概念化一种符合我们地球未来的生态需求的伦理教育学。在研究这些问题时，我们并没有偏题（eccentric），也没有在科学教学或科学文化本身的边缘工作。相反，我们正在解决问题。理查德·霍姆斯（Richard Holmes）认为，这些问题是我们对科学家如何融入社会及其为社会带来的创造力的本质理解进行必要转变的基础。借用他的话来说，这项研究将帮助我们理解"科学实际上是如何产生的；科学家们自己是如何思考、感受和推测的"[2]。它也将有助于我们理解他所说的"科学文化可以维持三件事：个人的好奇、希望的力量和对全球的未来生动而富有探索

1　The arts—notably drama—often explore how science impacts on human lives. Plays such as Hapgood by Tom Stoppard and Copenhagen by Michael Frayn have their parallels in educational projects with children. As a particularly subtle example, see, Anna Ledgard, 'Visiting Time and Boychild: Site Specifi c Pedagogical Experiments on the Boundaries of Theatre and Science', in Ralph Levinson, Helen Nicholson and Simon Parry (eds.), *Creative Encounters: New Conversations in Science, Education and the Arts*, London: Wellcome Trust, (2008), pp. 110 - 129. This is, however, a relationship distinct from the central concerns of this chapter.

2　Richard Holmes, *The Age of Wonder: How the Romantic Generation Discovered the Terror and Wonder of Science*, London: Harper Press, (2008), p. 469.

性的信念"[1]——这些原则无疑是 21 世纪科学教育愿景的核心。

科学之美、神秘与神奇

> 我就像一个在海边玩耍的男孩,不时地发现一块比平常更光滑的鹅卵石或一个更漂亮的贝壳,而真理的汪洋大海在我面前却没有被发现。

——艾萨克·牛顿[2]

帕帕科斯塔(Papacosta)在他的短文《科学之谜:一个被忽视的科学教育工具》(*The Mystery of Science: A Neglected Tool for Science Education*)中声称,科学"总是与神秘的海洋有关",但许多科学教育者忽视了这一点,他们更喜欢事实性知识的安全性(security),因此在教学中强调确定性和证据。他指出,伟大的科学家们是如何被自然世界的奥秘所吸引。他列举了爱因斯坦的例子,16 岁的他想知道骑在一束光上会是什么样子;十年内,他补充道:"这个简单的问题催生了相对论。"[3]他认为,这说明了由这种神秘感和好奇心引发的问题不应该被当作无用的幻想,而应被视为对创造性想象力的滋养。

哲学家与物理学家罗伯特·克里斯(Robert Crease),对神秘和奇迹是

1　Richard Holmes, *The Age of Wonder: How the Romantic Generation Discovered the Terror and Wonder of Science*, London: Harper Press, (2008),

2　In Brewster, Memoirs of Newton, vol. 2, Chapter 27, (1855). Cited by Pangratios Papacosta, 'The Mystery in Science: A Neglected Tool for Science Education', *Science Education International*, vol. 19, no. 1, (March 2008), p. 5.

3　Pangratios Papacosta, op. cit., p. 7.

如何服务于科学知识描述得非常准确，他把它们视为科学实验中显而易见的美的品质。他将"好奇"（Wonder）定义为"为了一种现象本身而探索其既定和可能状况的渴望——进行一次充满成就感的冒险"[1]。他解释说，科学家们通过实验来追求这一冒险，在实验中，他们必须对意外和惊奇的可能性保持开放；当爱因斯坦说"我们能体验到最美的东西是神秘的"[2]，这些惊奇所产生的兴奋和启示（revelation），就是他对爱因斯坦言下之意的解释。

然而，仍有一种共同的、持久的文化信念，即科学致力于解决谜团，而不是探寻用公式和实验来解释和表示它们的方法；因此，它的意图是消灭它们，消除我们对自然界之美的惊奇感，扼杀我们的想象力，而不是滋养它们。这是所谓的"文学文化"中明显的残余偏见的基础，通常被归咎于浪漫主义和他们对启蒙运动更宏大主张的反应。事实上，正是在启蒙运动时期，艺术与科学之间的知识划分开始生根发芽，哲学家们声称科学或"自然哲学"是一种独特的、更理性的、隐含着优越性的知识形式，比任何通过诗歌和艺术实践的知识都要好。反过来，一些浪漫主义诗人质疑他们所看到的科学理性主义的傲慢，以及它无法捕捉人类情感生活的复杂性及其对神话、艺术和美的需求。像威廉·布莱克（William Blake）这样的诗人倾向于将工业革命的丑陋和不人道的做法归咎于科学。用席勒名言来说，浪漫主义的使命是通过重申个人内在的、富有想象力的生活来"重新赋魅世界"（reenchant the world），这种立场被认为在道德上优于冷漠的、狭隘的、庸俗的科学兴趣。用翁贝托·埃科（Umberto Eco）的话来说，浪漫主义者"用一种被视为无法

1　Robert P. Crease, *The Prism and the Pendulum: The Ten Most Beautiful Experiments in Science*, New York: Random House, (2003), p.165.

2　Ibid., p.166.

解释和不可预测的世界概念来抵制当今的祛魅之美（the disenchanted Beauty）"[1]：

> 我们的理智横加干涉
>
> 扭曲了万物的美丽形态。
>
> 解析无异于屠刀。[2]

这些来自华兹华斯（Wordsworth）的诗句经常被引用来代表浪漫主义对科学的怀疑，以及艾萨克·牛顿的形象如何成为一个专门的靶子。在棱镜实验中，牛顿对彩虹进行了著名的解析，并证明它只不过由不同波长的光组成。对于伏尔泰（Voltaire）、蒲柏（Pope）和詹姆斯·汤姆森（James Thomson）等启蒙运动的哲学家和诗人来说，他已成为一位英雄[3]。但对济慈、华兹华斯和鲜为人知的托马斯·坎贝尔（Thomas Campbell）来说，牛顿是一个傲慢昭著的人，他摒弃诗歌，视之为"别出心裁的胡言乱语"——已掏空了彩虹的象征性共鸣（symbolic resonance）和神话般的力量。因此，对他们来说，这成了一个强有力的象征，表明他们抵抗科学家们对"祛魅世界"的喜悦。1820 年，坎贝尔哀叹道：

> 当科学与创造的面孔
>
> 魅力的面纱撤去时，

1　Umberto Eco（ed.），*On Beauty: A History of a Western Idea*，translated by Alistair McEwan, London: Secker and Warburg,（2004）, p.314.

2　William Wordsworth, 'The Tables Turned', *The Poems*, vol.1, Harmondsworth: Penguin（1977）, p.357, lines 26 – 28.

3　See Marjorie Nicolson, *Newton Demands the Muse: Newton's Opticks and the Eighteenth Century Poets*, Hamden, CT: Archon,（1963）.

多么可爱的景象

让位于冰冷的物质定律。[1]

更著名的是,济慈在同年的诗《拉弥亚》(*Lamia*)中,似乎在攻击科学冷酷的精确性,仅仅触碰一下科学就会让"一切魅力飞逝",让宇宙失去神奇感:

自然哲学会让天使折翼,

用规则与线条破除一切神秘

扫荡那精怪出没的天空与地底——

把彩虹拆得粉碎……[2]

浪漫主义者将科学家视为美的敌人,因此被指责引发了对艺术和科学的两极化反应,这是两种文化中最糟糕的方面。

然而,这种极性被夸大了,甚至被神话化了;一些相对简短的历史考察很容易证明这一点,也有助于削弱而不是说明两种文化的观点。例如,雪莱(Shelley)的诗《云》(*The Cloud*)再次写于 1820 年,可以解读为对蓬勃发展的气象学的敬词,并以其"对云的形成和对流循环的非常准确和科学的理解"[3]而闻名。之前引用的华兹华斯诗句取自早期的一首诗,而在他晚期的《序曲》(*The Prelude*)中,牛顿在剑桥卧室窗外的雕像被想象成更像一位浪漫主义探险家的伟大科学家,而不是一个没有灵魂的恶棍:

1　From Thomas Campbell, To the Rainbow, cited in Robert Crease, op. cit., p. 79.

2　John Keats, 'Lamia', *The Poems of John Keats*, London: Tiger Books, (1991), p. 228, lines 235 – 238. These lines are cited by both Robert Crease, op. cit., p. 79 and Richard Dawkins as evidence of the Romantics' hostility to scientific thought. See Richard Dawkins, *Unweaving the Rainbow*, London: Penguin, (2006), p. 39.

3　Richard Homes, op. cit., p. 160.

…牛顿，他的棱镜与沉默的脸，

永恒心灵的大理石表征

独自一人在思想的海洋中远航。[1]

济慈曾是一名医科学生，他对科学的态度比这句臭名昭著引文似乎所暗示的要复杂得多。事实上，在《拉弥亚》的核心，有一种对当代关于活力论（vitalism）和人类灵魂存在的科学辩论的迷恋，这些辩论激发了玛丽·雪莱的《弗兰肯斯坦》，尽管反应更为矛盾。在早期的一部作品中，他的十四行诗《初读查普曼译荷马史诗有感》(*On First Looking into Chapman's Homer*) 揭示了他对天文学家赫歇尔（Herschel）工作的热情，他利用自己对天王星的发现来捕捉自己对荷马诗歌的发现：

于是我犹如有了观星者的感应，

当一颗新星游入我的视野。[2]

事实上，18 世纪末赫歇尔惊人的天文发现激励了浪漫主义者，而不是排斥或使其沮丧。柯勒律治（Coleridge）回忆起自己的童年，回忆起一个冬天的晚上，他被父亲带进花园。父亲是赫歇尔的超级崇拜者，向他展示夜空，并为他命名行星。当时他 8 岁，但从未忘记这段经历，他的许多成熟的诗歌仍然弥漫着星星和月亮的象征性存在[3]。事实上，柯勒律治一生都对科学保持

1　William Wordsworth, *The Prelude*, 1850, London: Norton, (1979), p.95, Book 3, lines 61 - 64.

2　John Keats, op. cit., (1991), p.91. See also Richard Holmes, op. cit., p.113.

3　Richard Holmes, op. cit., p.112.

着极大的兴趣。他是化学家汉弗莱·戴维（Humphrey Davy）的朋友，参加了他的讲座，还与之通信。他在一封信中宣称，科学"是富有诗意的……必然带着希望的激情去做"[1]。柯勒律治也建议戴维写诗，这一事实提醒我们，在浪漫主义时代伟大科学家的活动中，他们并不认为自己在文化上与当时的艺术家是分开的。事实上，赫歇尔是一位专业乐师，至少最初是一位业余天文学家，他把自己对夜空的解读比作"一个熟练的音乐家在视奏乐谱"[2]。与此同时，戴维一生出版了大量诗歌和哲学沉思，以及一本关于飞钓（fly-fishing）乐趣的非常成功的书。

那么，无论我们对浪漫主义者提出什么谴责，我们都不应该简单地指责他们在科学和艺术之间制造文化隔阂，把一个限制在理性上，另一个限制在美上。这对理查德·道金斯（Richard Dawkins）来说应该是个好消息。作为一个著名的直言不讳的无神论者，他本质上是科学理性主义者，不能容忍诸如福音派创世论的任何主张，他认为这些主张与科学证据和任何文化现象背道而驰，从 X 档案到占星术，这些现象传播着他所谓的迷信的无稽之谈。然而，他坚持认为，他对世界之美与神奇绝非麻木不仁，他承认这是人类的深层需求，但否认我们需要接受无知或妄想才能体验它。他的著作《解析彩虹》（*Unweaving the Rainbow*）从字面上阐述了济慈的著名意象（image），考察了他所说的科学之诗与牛顿研究工作所带来的引人入胜的知识——从我们对眼睛如何影响大脑的理解到相对论与宇宙大爆炸理论。他认为，一个拥有济慈想象力的诗人一定会被"解开面纱所揭示的诗意之美所吸引？"[3]这很可能背叛了（betray）浪漫主义者对美的天真理解；毕竟，"美

1　Richard Holmes, op. cit., p.268.
2　Ibid., p.115.
3　Richard Dawkins, op. cit., p.63.

即真理，真理即美"仍是济慈最著名的诗句之一[1]。然而，它表明了许多科学家如何感知和欣赏物理世界之美。他建议，一个谜团的解开会解开其他谜团，能够激发更伟大的诗歌："谜团解开后不会失去诗意。恰恰相反，谜底往往比谜题更美。"[2] 作为一个例子，他提供了艾萨克·阿西莫夫（Isaac Asimov）引人注目的意象，唤起了我们现在对宇宙构成的了解。他让我们把它想象成一个长、宽、高各 20 英里的房间。房间里完全空着，只有一粒沙子，我们现在把它粉碎成万亿亿块碎片，其数量与宇宙中的恒星相当，然后把它们分散在虚空中。道金斯评论道："这些是天文学的一些清醒的事实，你可以看到它们是美丽的。"[3] 济慈和柯勒律治都不会不认同。

科学家们在他们的学科中发现的美，就像所有的美一样，与神秘密切相关，但这是它所揭示的知识所固有的神秘性。如果老师们教我科学，目的是传达其奥秘的兴奋和美丽，而不仅仅是科学方程式的假设陈述和问答的确定性，那么我的教育可能会发生不同的转变。来自美国的科学教师教育者马克·乔罗德（Mark Girod）认为，时至今日，许多科学教师不重视科学之美，他们使用的教科书也无裨益。他写道：

> 通常在复述科学发现时，科学家及其故事中的"人""创造性""灵感"和"激情"这些方面被撇在一边了。这些往往被认为是不重要的或反智的，使读者远离理论发展、研究结果和方程求解的重要细节。[4]

1　John Keats, Ode on a Grecian Urn, op. cit., p.259.

2　Richard Dawkins, op. cit., p.41.

3　Ibid., p.118.

4　Mark Girod, 'A Conceptual Overview of the Role of Beauty and Aesthetics in Science and Science Education', *Studies in Science Education*, vol.43, (2006), p.39.

然而,在讲述"傅科摆"的著名的故事时,却不试图传达其简单的奇妙之处和所展示的令人惊叹的本质,这怎么可能呢? 目前,世界各地的博物馆、大教堂和公共建筑中都有许多钟摆的例子,但第一个是让-伯纳德·傅科(Jean-Bernard Foucault)于1851年在巴黎天文台展示的。它由一个悬挂在长金属线末端的重金属摆锤构成,每次摆动,观察者都会发现钟摆的平面缓慢但明显地沿顺时针方向移动。但这只是我们认为我们所看到的;实际上我们所感受的是地球绕着其轴线自转,因为钟摆的移动相对于恒星位置保持不变。罗伯特·克里斯(Robert Crease)阐述了他年轻时在费城富兰克林学院看到傅科摆时的反应,唤起了他所定义的体验的"崇高之美"。在这,一组四英寸长的钢钉被放置在地板上分成两个半圆,每二十分钟左右,摆动的摆锤就会把其中一个撞倒。他回忆起目睹这一切时心情激动:

> 有时我只是盯着钟摆本身,试着遵守指示牌,让自己明白是我——以及我脚下的坚实的地板——在移动。由于我不理解的原因,我从未完全成功,尽管钟摆确实给我留下了一种神秘和敬畏的感觉。[1]

他引用了傅科本人的话,傅科评论了那些观看他早期演示的人的反应:"在场的每个人……变得若有所思,沉默了几秒钟,通常会带走我们在空间不断移动的一种更紧迫而强烈的感觉。"[2]

与阿西莫夫引人注目的宇宙意象一样,这些对真相的揭示(revelations)是极其美的——不是从具有虚无主义和破坏性冲动的现代主义崇高的角度来看,而是在康德所描述的"数学崇高"的框架内来看,当我们面对一种规模

1　Robert Crease, op. cit., p.126.
2　Ibid., p.130.

如此巨大以至于我们无法完全理解的现象时，我们会体验到这种崇高[1]。傅科摆的美妙之处在于它从根基上破坏了我们的常识理解——克里斯（Crease）将其描述为一种突然而激动人心的再教育（re-education），提醒我们"人类的感知与自然运行之间的不一致（mismatch）"[2]。如果像我们日常感知这样基本的东西能够受到挑战，科学还能为我们解开其他什么奥秘？科学教师要把这一点传达给学生，他们需要的不仅仅是称职的课堂管理者、优秀的小组工作组织者和知识渊博的科学事实传播者（dispensers）；他们还需要成为敏锐而自信的演示者、表演者和讲故事的人，对如何利用惊喜和意外有着敏锐的美感。这是我们以后要回到的问题，但就目前而言，这足以表明，实践工作和科学方法本身不会唤起任何对科学之美的欣赏或对科学的惊奇感；毕竟，正如道金斯所指出的，一个人可以学习演奏单簧管，但仍然不能学会欣赏莫扎特单簧管协奏曲的美妙。

模式与谜题：数学与科学中的理智美

> 如果一个人把整个自然界看作一个整体，那么就会发现万事万物皆在最美秩序中；这就是我最喜欢的格言：一切秩序井然！[3]

如果说科学的潜在魅力在于崇高美的强烈和令人兴奋感，那么还有那

---

1 Thomas Hardy captured the experience of stellar observation thus in his 1882 novel *Two on a Tower*: 'At night ... there is nothing to moderate the blow that the infinitely great, the stellar universe, strikes down upon the infinitely little, the mind of the beholder'. Cited in Richard Homes, op. cit., p.118n.

2 Robert Crease, op. cit., p.142.

3 William Herschel; cited in Richard Holmes, op. cit., p.73.

些与我们享受秩序、和谐和模式有关的满足感,即毕达哥拉斯和柏拉图在数学中发现的更古典(classical)的美。这是我们理解远距离经验的概念如何实现美的关键;正如法国数学家彭加勒(Poincaré)所坚持的那样,这种美不同于品质和外表的感性美,因为它是纯粹理智的直接产物[1]。伟大的英国数学家 G. H·哈代(G. H Hardy)也认为美是数学的核心,在于它的吸引力和它所追求知识的本质,并分享了一个类似于彭加勒的理想主义愿景。在他的《一位数学家的辩白》(*A Mathematician's Apology*)中,他将自己的作品比作诗人与画家的作品,因为这三种作品都是图案(patterns)的编织工。他以柏拉图式口吻声称,如果说诗人用文字编织图案,画家用色彩编织图案,那么数学家就用思想编织图案;与诗人和画家的作品一样,对这些思想的第一个考验是它们的美。他打趣道"丑陋的数学在世界上没有永恒的地位(place)",并断言"这些思想,就像颜色或单词(words)一样,必须以和谐的方式结合在一起"[2]。一个数学定理越严谨(serious),它就越美,这不是因为它的有用性,也不是因为它可能用于任何工具性目的,而是因为它的简洁性、纯粹性、解释力和想象力以及前瞻艺术性。哈代将这些定理之美的美学基本特征概括为三点:意外性(unexpectedness)、必然性和经济性(economy),最后一个尤为重要。他写道,"一个数学证明,应该像一个简单而清晰的星座,而不是银河系中零散的星团(scattered cluster)"[3]。

哈代的这种论述,将数学的吸引力定位在美学过程中,而不是其工具应用中,可能看似精英主义的,脱离了社会和人类的关注,也许让人想起沃尔

1 Henri Poincaré, *Science and Method*, translated by Francis Maitland and Bertrand Russell, London: Nelson, (1914), p.22.

2 G. H. Hardy, *A Mathematician's Apology*, with a Foreword by C. P. Snow, Cambridge: Cambridge University Press Canto edition, (1992), p.85.

3 Ibid., p.113.

特·佩特(Walter Pater)的美学,但事实并非如此;它提醒老师们,年轻人享受数学的真正潜力可能在哪。哈代很清楚,最有用的数学实际上是最枯燥无聊的,数学真正令人满意的是满足了我们所有人对我们在秩序和模型中发现美的共同渴望。他说,国际象棋和数字谜题的流行就是明证(他在数独游戏之前就开始写作)。他写道,"每个棋手都能欣赏一个'美'的游戏或问题,而每个把问题称之为'美'的人都在称赞数学之美"。[1] 他坚持认为,国际象棋和数字谜题的爱好者从它们那里获得的智力乐趣,无论多么初级,都与数学之美的体验密不可分。

斯蒂芬·沃尔弗拉姆(Stephen Wolfram)最近在元胞自动机(cellular automata)方面的研究令人钦佩地说明了毕达哥拉斯的和谐、有序和简约的品质是如何支撑数学的概念之美的。埃德·里吉斯(Ed Regis)将沃尔弗拉姆的研究目的描述为试图解释"复杂性本身,不管在哪里发现,无论是在星系结构中,还是湍流流体中,抑或在 DNA 模块的核苷酸序列中"[2]。沃尔弗拉姆设计了简单的计算机程序,能够生成自己的模式,其中一些导致混乱无序,另一些导致没有审美趣味的乏味、重复的模式,但仍有一些会自我生成异常复杂与美丽的模式,许多模式反映了自然界中已经存在的物理系统。从这个意义上说,里吉斯将沃尔弗拉姆的探索定义为寻找"大自然自身的软件",但它可以追溯到哲学的诞生,回应柏拉图的"如何从无序中获得秩序,从简单中获得复杂性"[3]。

沃尔弗拉姆自己描述了其中一种模式是如何生成的。至少对非数学家

1　G. H. Hardy, *A Mathematician's Apology*, with a Foreword by C. P. Snow, Cambridge: Cambridge University Press Canto edition, (1992), p. 87.

2　Ed Regis, *Who Got Einstein's Office? Eccentricity and Genius at the Princeton Institute for Advanced Study*, London: Penguin, (1989), p. 229.

3　Ibid., p. 232.

来说,这个数学公式显得复杂而费解:

$$(1) \quad a_i^{(t+1)} = a_{i-1}^{(t)} + a_{i+1}^{(t)} \bmod 2$$

然而,它所表达的思想非常朴素。通俗地讲,元胞模式由一系列线性位点组成,每个位点都由下表中的方框表示。每个位点只有两个值可用,0 或 1。公式指出,模式以一行开始,该行上的所有值都为 0,除 1 之外。然后它自我生成,后续行上的每个特定位点的值由其正上方位点的邻居的值决定。如果它们的值相同,则新位点的值为 0;如果它们不同,则该值为 1。此表通过说明前三个步骤的结果来演示这个进展是如何进行的。

		0	0	1	0	0			
		0	0	1	0	1	0	0	
	0	0	1	0	0	0	1	0	
	0	1	0	1	0	1	0	1	0

这个公式快速生成的视觉模式在下面的图像中得到了惊人的说明。正如里吉斯所指出的,任何数学家都可以认为它是帕斯卡(Pascal)的二项式系数三角形,任何生物学家都会想起蛇皮的色素沉着图案[1]。这只是不同公式产生的数千个例子中的一个,其中一些公式已经作为明信片、墙纸图案和壁画销售;这就是它们的美学吸引力[2]。

在自然之美和全球多样性的文化和艺术产品中,不同复杂性的视觉数学模式无处不在。简单和复杂的对称性,包括旋转和反射,在树叶与花朵、错综复杂的蜗牛壳、建筑与墙纸设计中,在巴厘岛面具,秘鲁毛毯和亚洲蜡

1 Ed Regis, *Who Got Einstein's Office? Eccentricity and Genius at the Princeton Institute for Advanced Study,* London: Penguin, (1989), p.244.

2 Ibid., p.250. See also the official Stephen Wolfram Web site: www.stephenwolfram.com.

染中都很明显。复杂的镶嵌马赛克是伊斯兰艺术惊人之美的核心，就像斐波那契数列图案一样。

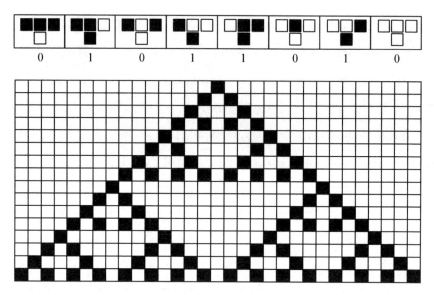

图 6.1　元胞自动机模式。Wolframscience 版权所有（www. wolfram.com）

当我们欣赏支配这些视觉例子表达的数学规则时，这些视觉例子的感官愉悦感就会增强，而数学课程早就认识到实践活动的吸引力，鼓励孩子们探索和模仿这些活动，并尝试创造自己的模式。数字模式和定理中发现更抽象的美，如沃尔弗拉姆的元胞自动机所示，哈代将其置于数学之美的核心，可以在更常见的研究中发现，这些研究包括魔方、七巧板拼图、三角数字序列及其与平方数的关系和更复杂的谜题，如欧拉和德莫伊夫尔（Euler and De Moivre）关于骑士如何在棋盘上移动，只在每个方块上降落一次的公式。如果我们遵循哈代的论点，正是在这些本身令人愉悦的活动中，才能找到数学的真正乐趣，我们在日常生活中需要掌握的简单数学或设计复杂的桥梁所需的高级知识很可能是社会必需的，但在课堂语境中，实用性甚至必要性可能对学生来说并不重要，而解决谜题与编织图案所涉及的美学游戏则可以享受自身。

* * * * * * * *

这是一个美的案例（case）——一个美的案例。[1]

当然，小说中善于解谜题者是侦探，哈代提出的意外性、必然性和经济性三大品质同样适用于经典侦探小说的美学，例如，夏洛克·福尔摩斯（Sherlock Holmes）和布朗神父（Father Brown）最精彩的故事。《迷宫》（*Labyrinths*）的作者豪尔赫·路易斯·博尔赫斯（Jorge Luis Borges）和最近《牛津迷案》（*The Oxford Murders*）的作者吉尔莫·马丁内斯（Guillermo Martinez），这些作家都自觉地探索了数学谜题和小说侦探故事之间的关联。我们通常在这样的故事中发现的乐趣可以为科学教师所用，他们愿意将这类美学与科学探究中的推测过程联系起来。

琳达·阿瑟顿（Linda Atherton）和迈尔斯·坦迪（Miles Tand）为 9 岁儿童设计的方案就是一个很好的范例。走进教室，孩子们发现他们的课桌向后移了，地板上用粉笔画着一具尸体的轮廓。老师（作为法医科学家）告诉他们发生了一起谋杀案，有四名嫌疑犯，工作表上提供了他们的详细信息。尸体附近还有各种证据，包括织物、粉末和泥泞的脚印样本。孩子们寻找线索以关联已经收集到的数据，然后被要求以系统、安全和公正的方式询问（interrogate）证据，建立联系并查明真相（detect patterns），因为这些证据

1　The words of Inspector Buckett in Charles Dickens, Bleak House, Oxford: Oxford University Press, (1996), p.749.

将提交给起诉律师,看看是否有足够的证据在法庭上陈述案件。这是该活动探索关键的科学过程和思想的地方。例如,过滤这一技术此刻有了真实目的,用来鉴定土壤;白色粉末样品以大相径庭的方式发生化学反应,允许讨论可逆和不可逆反应;孩子们在数码显微镜下观察纤维,探索天然纤维和人造纤维之间的区别。一旦孩子们意识到脚的大小与身高之间的关系,他们就可以自信地利用这些信息来预测现场某人的身高。小组讨论明确地聚焦在科学原理上,并制作表格来整理证据。孩子们有强烈希望确保他们的方法是公平和严谨的。当然,有位"专家"(以老师的形式)在现场支持科学思维和过程。然后法庭由那位老师担任检察官,提出棘手的问题,即证据是否以及在多大程度上指控了任何嫌疑人,从而迫使孩子们重新评估证据到底告诉了他们什么,以及他们的解释有效性如何。这一秩序井然的活动让人想起了最伟大的化学家之一汉弗莱·戴维的话:"可以说,现代化学始于乐趣,进于知识,旨在真理与实用。"[1]

据称,现代侦探小说"将谋杀带出了伦理领域,带入了美学领域"[2]。然而,这是另一个具有误导性的例子,说明美学和伦理是如何被视为两极对立的。更准确地讲,我们应该把侦探故事的美学吸引力看作是对世界正义和秩序的深刻的、人性的伦理向往:"我们创造了简单明了的世界,我们可以栖身其中,尽管可能只是太短暂。"[3]侦探小说中的虚构世界和模式(patterns)与谜题的数学世界吸引着我们,正是因为我们的人类有机体(human organisms)和社会生活似乎一点也不简单;所以它们满足了人类对秩序与

1　Humphrey Davy, 'The Chemical Philosopher', Dialogue 5 of his Consolations; cited in Richard Holmes, op. cit., p.429.

2　The quote is from David Lehman, *The Perfect Murder: A Study in Detection*, Ann Arbor: University of Michigan Press, (1998); cited in Kate Summerscale, *The Suspicions of Mr Whicher or the Murder at Road Hill House*, London: Bloomsbury, (2009), p.331.

3　Crispin Sartwell, *Six Names of Beauty*, New York: Routledge, (2004), p.87.

和谐的向往,我们渴望奥卡姆剃刀(Ockham's razor)的清晰明了,在那里,最简单的本体论解释被认为是最真实和最好的。萨特韦尔认为,这种审美向往是科学思维不可或缺的部分,并以哥白尼革命作为典范。毕竟,托勒密的地心说确实解释了 15 世纪天文学家能够观测到的东西,但它对周期(cycles)、本轮(epicycles)与 epiepicycles 的描述没有哥白尼对同样观测的日心说简单优雅。这个结论既简单又具有革命性,但他坚持认为是"美学而非观察"导致了对托勒密制度的拒绝[1]。正如詹姆斯·麦卡利斯特(James McAllister)所言,哥白尼的理论并没有表现出比托勒密任何更明显的经验优势,但其知性优雅和对审美偏好的吸引力确保了它最终的最高权威地位[2]。

科学语言中的隐喻与美

> 我参加了戴维的讲座,以扩充我的比喻库存(stock of metaphors)。
>
> ——柯尔律治(Coleridge)[3]

哥白尼革命进一步提醒人们,科学并不是人们通常认为的绝对确定性领域,而是一个其证据依赖科学专家共同体认可的可观测数据的领域。这是托马斯·库恩(Thomas Kuhn)的著名观点,他认为科学史依赖于一系列的革命,例如受哥白尼启发的革命,在每次革命中,科学话语的关键基本原

1　Crispin Sartwell, *Six Names of Beauty*, New York: Routledge, (2004), p.20.

2　James W. McAllister, *Beauty and Revolution in Science*, Ithaca, NY /London: Cornell University Press, (1996), pp.172-174.

3　Samuel Taylor Coleridge, Letters, (1802); cited in Richard Holmes, op. cit., p.288.

则必须重新想象和重新定义，如今，科学教育者普遍接受了这一认识论立场[1]。像任何其他知识学科一样，科学是一个争论、挑战、发展、演变、革命与批判的领域，在这个领域，如果可观察的数据需要，主导思想可以重新评估。然而，这并不必将带我们走上乔治·莱文（George Levine）和布鲁诺·拉图尔（Bruno Latour）等更极端的后现代主义者所走的绝对的相对主义（absolute relativism）道路，他们认为科学知识在任何意义上都不应享有特权；它只是诸多话语中（discourses）的一种，"并没有比文学语言更基于现实的基础而赋予其语言的特殊权威"[2]。当然，科学知识是一种话语，但不仅仅是话语。对于约瑟夫·卡罗尔（Joseph Carroll），人们不得不对这些理论家对他们的主张有多认真感到诧异："当他们生病时，他们不会去找符号学家进行语言咨询；他们不会把患病的身体交给文学同行进行修辞分析。"[3]人们很容易将这些理论视为文学文化抨击其对手的最新表现。然而，科学家们自己之间也在争论科学语言是否具有内在诗意，特别在隐喻的使用方面，以及这是一种需要被培养还是避免的倾向（tendency）。

恩斯特·马赫（Ernst Mach）和皮埃尔·杜赫（Pierre Duhem）等物理学家警告不要在科学语言中使用隐喻，这种观点可以追溯到 17 世纪著作托马斯·斯普拉特（Thomas Sprat）的著作和威廉·惠威尔（William Whewell）的《归纳科学的哲学》（*Philosophy of Inductive Science*），后者成为了维多

1　Thomas Kuhn, *The Structure of Scientifi c Revolutions*, Chicago: University of Chicago Press, (1970).

2　George Levine, *Darwin and the Novelists: Patterns of Science in Victorian Fiction*, Chicago: University of Chicago Press, (1988), p. 25. See also Gillian Beer, *Darwin's Plots: Evolutionary Narratives in Darwin George Eliot and Nineteenth Century Fiction*, London: Routledge, (1983) and Bruno Latour, Pandora's Hope: Essays on the Reality of Science Studies, Cambridge, MA: Harvard University Press, (1999).

3　Joseph Carroll, *Evolution and Literary Theory*, Columbia /London: University of Missouri Press, (1995), p. 81.

利亚时代科学方法论的标准文本。惠威尔写道:"当我们的知识变得完全精确和纯粹理智时,我们需要一种同样精确和理智的语言;我们将排除模糊与幻想、不完美与冗余,每个术语都将表达一种稳定不变且严格限定的含义。这就是科学语言"[1]。另一方面,一些当代物理学家,如约翰·齐曼(John Ziman),非常清楚隐喻已深深地成为了我们共同语言使用的一部分,因此不可能不使用:他坚持认为,没有类比(analogy)和隐喻,我们不能思考任何事情[2]。罗伯特·克里斯也认为,我们需要理解科学如何利用隐喻,而不是否认应该如此,这样做有助于我们通达科学思想之美:

> 澄清隐喻用法的本质对于理解科学及其美很重要。原因之一,隐喻的间接主题(secondary subjects)植根于文化与历史。科学家们研究总是离不开文化和历史上传播的概念和实践。它总是在改变,而不是超越文化和历史所赋予的东西。[3]

从这个意义上讲,隐喻可以被理解为一个可检验的假设,也是科学家关键的、创造性的角色之一,即对新隐喻的想象。然而,这种理解在科学教师中似乎并不普遍,克莱夫·萨顿(Clive Sutton)认为这是困扰科学教学法(science pedagogy)的一个主要问题:

> 科学中的一个好的词被认为只有一个含义且清晰无歧义。科学家

1 William Whewell, cited in Clive Sutton, *Words, Science and Learning*, Buckingham: Open University Press, (1992), p.52.
2 See John Ziman, *Reliable Knowledge: An Exploration of the Grounds for Belief in Science*, New York: Cambridge University Press, (1978).
3 Robert Crease, op. cit., p.122

与科学教师都意识到，在其他领域，词语往往含混不清或以许多不同的方式使用，但这些特征被认为是"语言的瑕疵"——非科学人士的一种令人遗憾的不严谨做法。[1]

他认为，在许多课堂里，科学教师将科学词汇视为一种贴标签形式（a form of labelling），而不是一种解释语言。例如，他引用了一位教师的话："空气中含有两种气体——氮和氧——还有一些二氧化碳、一些水蒸气和一些其它气体。"萨顿评论道，学生们可以记下这些信息，也许以后还会用到，但它意味着空气只是这样，没有其他描述方式。他继续说道：

> 没有迹象表明，得出"空气"可能是什么的结论是一个吸引了科学共同体将近一个世纪的问题。没有人承认"气体"一词是理论洞察力的成功典范，也没有人提到用一个新名称："氧气"（制酸剂）来称呼"活泼的空气"是否是一个好主意的激烈争论。[2]

当然，贴标签在科学活动中有其合理的地方，但将语言简化为其功能中最单薄（thinnest）、最透明的（most transparent）功能，不仅忽视了我们如何用它来构建和加工知识，而且还使它失去了那些可以用它增加深度和乐趣的诗意。这种乐趣既是审美的，也是智力的，正如萨顿散文的温情所传达的那样。

萨顿的书中充满了来自科学史的例子，这些例子阐释了一些关键术语的隐性历史。其中一些与个别的词有关——例如，"滴定"（titration），在 19

1　Clive Sutton, op. cit. , p.52.
2　Ibid. , p.51.

世纪法国发展了起来,用于确定银的测定值,它源自法语单词"titre"或"title",如财产的所有权契约,通过类比表示贵金属准确可信的含量。当我们理解"气体"(gas)一词来源于希腊语"混乱"(chaos)时,它尤其令人回味,旨在表达(capture)其狂野精神,体现在加热时逃跑的倾向。哈维(Harvey)选择了心脏泵的隐喻,罗伯特·胡克(Robert Hooke)使用"细胞"一词来描述他在显微镜下一片软木中看到的数百万小孔,这些都是从激动与惊奇中产生的科学语言的更多例子,这些科学语言在美学和解释选择的引导下,用后来成为传统的术语表达其含义。萨顿评论道:"一个意想不到的表达被认为是恰当的或有见地的,一定程度上是因为它的美。"[1]作为一个有文学爱好的年轻学习者,我可以想象,如果我的老师找到了方法,让科学语言之美发挥在我的想象中,我会被科学吸引,变得更能理解科学的过程。从根本上讲,它阐明了科学家们如何思考的方式,通过语言本身从根本上解决了这两种文化的残余观点问题,使其变得无关紧要,正如利维斯暗示我们应该的那样。萨顿提供了一个简单的教学例子,参考了托里切利(Torricelli)在19世纪意识到的我们生活的大气层本质上是一个"空气的海洋"。他说,通过介绍阿拉贝拉·巴克利(Arabella Buckley)于1878年写的一段话,学生们可以被邀请想象一种生物(a being),"他的目光如此敏锐,以至于他可以像我们看到液体一样看到气体",并对他们想象的这种生物会看到什么做出回应。[2] 这不是空洞的幻想,而是使科学和诗意的敏感性(sensibilities)能够联系起来;了解词语在历史和文化语境中的全部意义是理解它们所表示的内容的重要组成部分。正如乔治·斯坦纳(George Steiner)所写,这也是一个

1　Clive Sutton, op. cit., p.30.
2　Ibid., p.41.

可以"打开比全球任何一个都更深、更丰富的'思想海洋'的大门"[1]的过程。

科学在教学和表演方面的惊奇

　　如果说科学语言的美学品质经常被忽视，那么科学教学的潜在艺术性和精心安排、有趣执行的科学演示（scientific demonstration）所固有的学习可能性也会被忽视。然而，正是以这种方式教授与普及科学，有着一种强大传统。汉弗莱·戴维是这种方式的伟大先驱，他热衷于对普通大众进行科普。19 世纪初，他在新阿尔伯马尔街（Albemarle Street）演讲厅开始了一系列的公开演讲和演示，这些活动如此受欢迎，导致这条街成为伦敦第一个单行道，以防止他演讲日不可避免地出现交通堵塞[2]。当时的一位法国游客将他的演讲技艺描述为令人激动的场面，称赞他的化学演示很壮观（spectacular），观众们惊讶不已，掌声阵阵。然而，正如理查德·霍尔姆斯（Richard Holmes）所指出的那样，这些演讲远不只是演讲技巧（showmanship）："它们被巧妙地设计成真正的科学演示，戴维认为惊讶和惊奇是正确欣赏科学的核心。"[3]

　　戴维开启了一种风靡英国之外的时尚，被不如他出名的科学家所接受。例如，尤斯塔西·阿莫尔·胡布林（Eustache Amour Hublin）是一个受欢迎的著名艺人，他经常出现在 19 世纪巴黎圣日耳曼（St Germain）的游乐场（fairground）上。当他以隆重而慷慨激昂的口吻向人群发表演讲时，他会宣称科学是他的专业领域：

1　Richard Holmes, op. cit., p. 469.

2　Richard Holmes, op. cit., p. 291.

3　Ibid., p. 292.

女士们，先生们，我本可以进入法国索邦大学的一个学院，发表精彩的演讲。我说不！……如果我在你们中间，那是因为你们所有人必须从我的演示中汲取凌驾于我们之上的力量的真实自然原理，这些力量使无知者感到恐惧，却为受过教育的人提供了智慧的所有道德乐趣！[1]

他随后将进行的表演旨在给人以震惊、惊喜和娱乐。轮式机器会产生电光；他会带着一名观众向伏打手枪充电，然后手枪会开火，所有人都惊讶不已；使用莱登罐和浮沉子进行的演示会引来惊呼和掌声。法国戏剧评论家朱尔斯·莱梅特尔(Jules Lemaître)对观众的关注和胡布林"寓教于乐"的能力印象深刻，观众的兴趣远超旁观者。法国科学教育家丹尼尔·阿伊西瓦(Daniel Raichvarg)将这个故事作为一种经验告诉了当代科学教师，提醒他们仍然存在"对优质教学的持续渴望，对奇迹的持续渴望"[2]。

然而，他把19世纪的公众科学演示传统作为一种适合当今教师的优质教学法的典范，这是对的么？海伦·尼科尔森(Helen Nicholson)认为这样的演示华而不实，"更可能让人迷惑与惊讶，而不是增进知识和理解"[3]。这种对艺术熟练操作潜能的不信任在我们的文化中根深蒂固，可以追溯到柏拉图和圣奥古斯丁(St Augustine)，两人都看到了艺术刺激感官和淹没理性的危险。当然，对于像胡布林这样的表演者来说，这些哗众取宠的反应是吸

1　Daniel Raichvarg, 'Science in the Fairgrounds: From Black to White Magic', *Science and Education*, vol.16, no.6, (June 2007), p.587.

2　Ibid., p.587.

3　Helen Nicholson, 'Introducing Wonder', in Ralph Levinson, Helen Nicholson and Simon Parry (eds.), Creative Encounters: New Conversations in *Science, Education and the Arts*, London: Wellcome Trust, (2008), p.26.

引观众的表演的重要组成部分，从而帮助他勉强维持生计。神秘与震惊（astonishment）是强大的、潜在的令人愉快的情绪，是惊奇（wonder）和惊讶（surprise）的近亲，吸引我们的注意力，撼动我们的思维，让我们想了解更多。只有当它们是上课的结果，旨在强调教师/表演者的权威和优越的知识，而不是作为探究和学习的跳板（springboards）时，它们才会不利于学习。从我自己的物理教育中回忆起的为数不多的实验之一，老师戏剧性地演示了如何在易拉罐内制造真空，易拉罐立即内爆；起初我很惊讶，但我被深深地吸引住了，真的很想听听并理解这个解释。这正是戴维利用惊讶和惊奇的方式来吸引注意力，培养好奇心，然后提供解释。因此，作为一名教师和一名科学家，他都非常成功。简·马塞特（Jane Marcet）于 1806 年出版了畅销书《化学对话》（*Conversations in Chemistry*），记述了戴维的演讲。年轻的迈克尔·法拉第（Michael Faraday）读了此书，于是在 1812 年开始参加戴维的演讲。除了继续发明电动机、发电机和变压器，他在 19 世纪 30 年代发起了儿童圣诞节讲座（Christmas Lectures for Children），这种惯例（institution）沿袭至今，一些人认为这是他最伟大的发明[1]。

表现出色的教师不必像胡布林一样魅力四射、自我宣传，也无需像杰出的科学家戴维或法拉第那样才华横溢，但他们需要对上课有一种敏锐的审美感，将其作为叙事，并乐于跟全班同学一起表演（play），就像演员跟观众一样。在一年级孩子的一节课上我亲眼看见了一个好榜样，旨在证明空气具有物理特性，包括力。老师让孩子们坐在她的脚边，拿出两个塑料瓶，一个几乎装满了有色的水，另一个是空的。"这瓶子里有东西么?"她举着空的那个问道。"没有!"孩子们异口同声道。"你们确定?""是的!"他们喊道。

1　See Richard Homes, op. cit., p.454.

她请了一名志愿者,把瓶子挤向孩子紧挨着的脸,这个孩子对喷射而来的空气眯起了她的双眼笑了。其他孩子也自愿参加,做出同样的反应,现在课堂气氛很活跃。"瓶子里真的没什么东西出来吗?"老师又问了一遍。"真痒!"一个孩子喊了出来。"那么是瓶子里什么东西引起了痒呢?""没有什么!"孩子们齐声道。"你们确定?""是的!"显然,这位老师对哑剧和孩子们的魔术表演惯例很熟悉。如果她把问题留在那里,或者简单地告诉了孩子们答案,事实上他们很可能仍然很困惑。相反,她转向那瓶有色的水,问他们如果她挤压这瓶会发生什么。许多人能够预测结果,全班同学看着水上升并溢出顶部,并议论着他们所看到的。接着,老师在瓶子的顶部放了一个小纸锥。她说:"它现在戴了顶帽子。"——这是一个很好的例子,阐明了如何运用语言将这种远距离经验概念更贴近孩子们自己的理解——她接着问,如果她再次挤压瓶子,帽子会发生什么。绝大多数人似乎都相信帽子会被弄湿,她逗弄着他们的回应,轻轻捏着瓶子,观水涨帽落,与之相伴,他们的讨论越来越兴奋。讨论发生了何事之余,她拿起一个新的纸锥,放在空瓶子上,问如果她挤压这个瓶子会不会发生什么。"不会!""为什么不会?""因为它里面什么都没有!""你们确定?""确定!""好吧,让我们看看,好吗?"结果真的很戏剧性。在孩子们的齐声惊呼中,纸锥高高地射向空中,比我预想的要高得多。他们脸上满是惊奇的表情——惊讶、激动(gripped)、好奇(inquisitive)。然而,这不仅仅是一个神奇的时刻;想象力与惊喜浓缩其中,使之成为一个美丽的时刻,老师没有立即解释而破坏它。当然,孩子们现在想玩塑料瓶,挠朋友的脸痒痒,让纸帽高高跃起。他们可以在小组工作中做到这点。科学上的解释并不仓促,而是计划与进一步的小组活动联系起来,研究孩子们可以让空气移动物体的其他方式。但对我来说,这节课的主要亮点在于老师用简单但精心挑选的道具表演,诱使自然界将其奥秘透露到这些年幼孩子们的乐趣中。

崇高、美与伦理：伊甸园（EDEN）项目学习

我们可能会忍不住把数学和科学之美视为价值中立,提供惊奇、理性与清思的乐趣,而与任何无关的道德考虑无关。但是,正如我们所见,美在伦理上很少是中立的。例如,斯凯瑞认为数学之美及其秩序、和谐与理性的美学是正义概念的基础。在正义概念中,美学与伦理公平在她所称的"每个人彼此关系的对称性"[1]中相遇。从数学角度讲,竞技团体赛本质上是公平的——运动场的空间与数字以及比赛双方团队的对称性就是明证。当参赛者违反了比赛的伦理规则时,团队就会受到算术减法的惩罚,从暂停到完全出局。萨特韦尔还通过平衡的概念将数学之美与秩序和正义联系起来。他写道:"人们可以在秩序或混乱中发现美,但更相关、更普遍的是,人们可以在秩序与混乱的某些组合中发现美。完全有序的系统无非令人厌烦无趣,完全混沌的系统无非令人困惑"[2]。我们再次想起席勒的极力主张,即美是通过游戏来表达的,这是一种感性和理性两者平衡的状态。在极端情况下,对数学模式与秩序的痴迷可能是内心紊乱的症候——情绪上,犹如马克·哈登（Mark Haddon）的《狗在夜间的离奇事件》（*The Curious Incident of the Dog in the Night Time*）中的自闭症叙述者,或精神上,如同电影《美丽心灵》（*A Beautiful Mind*）中由罗素·克劳（Russell Crowe）扮演的精神分裂症教授。为了让不同的伦理可能性得以表达,为了个人与社会幸福得以不同方式蓬勃发展,我们需要一种不同类型的美之间的文化平衡。

1　Elaine Scarry, *On Beauty and Being Just*, London: Duckworth, (2001), p.93.
2　Crispin Sartwell, op. cit., p.99.

正如我们所见，大多数科学家都用与崇高的定义相一致的术语来表达科学之美，但温蒂·斯坦纳在第四章的观点提醒我们，一门只由崇高触发的情感主导的课程，存在着伦理风险。这些情感对"美丽"中更简单的快乐视而不见，这些快乐将我们更直接地与世界情感相连。克里斯和道金斯等科学家坚持认为，崇高的美通过激发人们对大自然所有奇迹的深刻欣赏，使他们更接近大自然；但是，我们与美丽联系在一起的温和的情感，被斯凯瑞列为活泼、快乐、欢呼、同情与善良，可以通过解决（address）我们家庭乐趣问题的科学课程的这些方面来体验。例如，一些学校有小型农场，孩子们可以在那里了解种植的乐趣，并致力于动物护理与福利。森林学校是斯堪的纳维亚（Scandinavia）最近发展起来的一个概念，在英国越来越流行，围绕户外游戏和森林活动构建其部分课程。他们的具体目标是通过使用无处不在的技能语言来表达年轻人的社会与情感发展——促进自我意识、自我调节、内在动机、独立以及良好的社会和沟通技能[1]。但对孩子们来说，这也是一个理想的机会，让孩子们亲身观察自然环境的微妙生态并与之敏感地（sensitively）互动，而不是利用它。这样的课程可以将更有力的进步教育实践与明确的生态目标整合起来，这是一个重大的发展，因为我们地球的可持续发展已经成为一个最重要的全球挑战，具有科学和伦理意义。

正是为了应对这一挑战，伊甸园项目于 2001 年在英国康沃尔郡成立，它既是一个商业旅游场所，也是庞大的教育资源。正如罗伯·鲍克（Rob Bowker）总结的那样，其目的是"展示环境最佳实践，简述和赞美植物的神奇和重要性，以及可持续利用资源的迫切需要"[2]。它由一系列的"生物群

1　See www.forestschools.com.
2　Rob Bowker, 'Children's Perceptions and Learning about Tropical Rainforests: An Analysis of Their Drawings', *Environmental Education Research*, vol.31, no.1 (February 2007), p.76.

落",或测地线温室组成,用来展示来自世界各地的数千种植物。其中最大的是湿热带生物群落,它是世界上最大的温室——长 240 米,宽 120 米,高 50 米。任何参观者都能亲自看到热带雨林和闻到其味道,体验其规模和美丽。游客还可以看到热带雨林提供的日常产品,以及生活在那里的人是如何生存与维持其生态系统的。对于教师和学生来说,它是一个了不起的资源,罗伯·鲍克对学校如何使用它以及孩子们从参观中学到了什么特别感兴趣。在一项研究中,他让三个班 9 到 11 岁的孩子在参观前画了雨林,参观之后有机会立即修改。最初图画显露了他所谓的"植物盲症",一种对植被不屑一顾态度,只是一种模糊的自然背景"原始而宁静"[1]。然而,他们参观之后,在伊甸园项目教育团队的指导下,这些新图画展示了形状、纹理、个别果实与花朵的意识,以及他们在之前版本中完全缺失的深度、比例和透视感。研讨会期间的部分讨论提到了雨林中的人们和动物,但孩子们没有提到他们。他们以形象化与互动的方式画出了他们所体验的一切。鲍克对伊甸园项目所追求的认知/情感学习很感兴趣,并在这些图画中找到了明显的证据。他认为,它们确实表现了一种全面的(holistic)理解,并捕捉到了"一种沉浸在热带雨林中的真实感觉"[2]。他的发现让人想起了最后一章对那个女孩的画作的分析,我在分析中认为,它的美与体验的强度有关,而体验本身就是一种美的体验。他们还强调了艺术与自然、美与认知之间的联系,通过对细节的密切关注,儿童绘画的审美品质得到提升。正如前拉斐尔派(Pre-Raphaelites)所主张的那样,这本身就是对自然的一种伦理回应;通过艺术来关注其细节的复杂性,我们更接近于欣赏、理解和感受与之密切相关

---

1   Rob Bowker, 'Children's Perceptions and Learning about Tropical Rainforests: An Analysis of Their Drawings', *Environmental Education Research*, vol. 31, no. 1 (February 2007), p. 78.
2   Ibid., p. 93.

的事物。

　　伊甸园项目的设计师蒂姆·斯密特(Tim Smit)用确实让人想起拉斯金具有卓识远见的理念和席勒美学的语气写道：

> 　　我们着手建造一个与众不同的地方，一个能吸引所有人想象力的
> 地方。它的景观和建筑将具有与自然融为一体的文明特征，似曾相识
> 又有点陌生——在这里，未来将充满希望，不安与不满将在一段时间内
> 成为遥远的记忆。[1]

在别处，他写道，该项目"不仅仅是一个与科学相关的奇妙建筑；也表达了我们对人类乐观未来的热情信念"[2]。我们在美中注意到的那些面向未来的、充满希望的力量被该项目的教育议程自觉利用了，斯密特明确将艺术方法的使用作为其教学法的一部分：

> 　　我们知道，使用触屏及其类似设备的传统科学解释会令人反感，而
> 平板上的被动显示也无法吸引注意力。但我们决心将艺术与科学技术
> 相融合，以便以尽可能友好的方式传达我们的信息。[3]

友好在这里是一个关键词，因为它象征着伊甸园项目乐观主义的道德类型，尽管是间接的。对亚里士多德来说，友谊最能概括道德生活的关系；正如弗

---

1 Tim Smit, Eden, London: Corgi Books, (2001), p. 255.

2 Rob Bowker, 'Evaluating Teaching and Learning Projects in the Eden Project', *Evaluation and Research in Education*, vol. 16, no. 3, (2002), p. 123.

3 Tim Smit, op. cit., p. 257.

雷德·英格利斯所指出的,"我们希望,伟大的友谊成就最好的我们"[1]。它为道德行动提供了一个舞台,我们所有人都渴望在这个舞台上表现出色;这是一个家庭般温情与亲密的舞台,而不是一个苛刻与顺从的舞台。

如果生物群落以其惊人的规模与展现热带雨林庞大规模的方式接近崇高的程度,那么伊甸园项目的体验并不是为了压倒和避免这种情况,而是通过对艺术有趣而合乎伦理的运用,引入一种活泼欢快与魅力感——"美丽"的乐趣。在众多的例子中,有猪的软木雕塑,一只被称为"熊蜂"(Bombus)巨型彩色雕刻蜜蜂,还有两位秘鲁艺术家简洁但风格优美的壁画,赞美人类、动物与植物之间的相互关系(inter-relationship)。放置这些是为了补充和形成游客的迭代(iterative)体验,而不仅仅是为了装饰。例如,保罗·博诺莫尼(Paul Bonomoni)的废弃电子小巨人(WEEE man)是一个怪物,完全由废弃的电器雕刻而成。正如戈文(Govan)等人评论的那样,其教育目的是激发一种"认同行为,让游客看到扔掉冰箱、电脑鼠标、炊具和其他电器是种浪费"[2]。然而,它的美学和伦理影响来自它作为一种视觉干预的位置,将浪费之丑陋、不友好与自然之美鲜明地并置在一起。

伊甸园项目中艺术与自然的融合很大程度上受到了斯密特与霓海剧团公司(Kneehigh Theatre Company)的苏·希尔(Sue Hill)的友谊的影响,苏·希尔为其整体设计贡献了强烈的戏剧性、节奏、韵律和叙事感。斯密特写道:"我们不是一个到处都是成千上万个像墓碑一样的植物小标签的植物园。我们不想用荒谬的信息迫使人们屈服,也不想一次讲述所有的故事。"[3]

---

1   Fred Inglis, *Culture*, Cambridge: Polity Press, p.165.
2   Emma Govan, Helen Nicholson and Katie Normington, *Making a Performance: Devising Histories and Contemporary Practices*, London: Routledge, (2007), p.146.
3   Tim Smit, op. cit., p.257.

伊甸园的所有导游都接受过表演培训；无论他们认为自己的角色是讲解员（explainer）还是讲故事者，对他们来说，重要的是"让伊甸园复苏"[1]。这一原则适用于学校儿童的教育工作；例如，鲍克描述了孩子们在生物群落中度过的两个小时是如何被一场戏剧活动形塑的，在这场戏剧活动中，他们扮演了电视研究者的角色。夏季的晚上，音乐家、讲故事者和剧团的表演是其节目的特色，这些节目通常都有一个教育议程。戈文等人描述了一个这样的例子，一个儿童戏剧的互动片段，它运用了童话故事的惯例来研究森林破坏的问题。

总而言之，伊甸园项目的教育成果，无论是从科学还是从伦理方面来看，都是经过美学和理性的考虑来规划的。根据戈文等人的说法，它所提供的体验困扰着许多对立（oppositions）——本土与全球、自然与人工、艺术与科学[2]。它给本章画上了一个完美句号（full circle），以一种宏大的方式展示了当两种文化在一个由美驱动的教育项目的创造中被超越时给教育和学习带来的裨益。我们已经远离了小时候在科学实验室感受到的难闻气味和强烈的不舒服。当然，伊甸园是一个乌托邦，一座暂时的天堂，正如它的名字所暗示的那样。但就其本身而言，它体现了一些原则和惯例，这些原则和惯例可以告诉我们，在一个我们所有人都必须教导的堕落世界里如何对待科学。这并不意味着一个给化学实验室除臭或对元素周期表进行说唱的课程方案，就像愤世嫉俗者可能会嗤之以鼻的那样。相反，这是为了认识到，当像我这样的学生通过一种狭隘受限的教学法被剥夺了科学的奇妙与诗意，被剥夺任何艺术性，缺乏美的伦理力量时，这对他们的影响。

1　Ibid., p.259.

2　Emma Govan et al., op. cit., p.146.

第七章　唤醒教育之美

　　美感……是通过在某些事物中的生活体验而实际存在的，这些事物需要去观察、倾听、处理、思考、应对和回应。[1]

　　我并不声称已经穷尽了教育之美的话题，远非如此；还有许多具体的问题有待解决。我几乎没有触及人文学科或外语学习之美，也忽视了新技术带来的创造力与美之间的复杂关系。非西方美的细微差别，正如我们在东方传统中发现的那样，可以为一个更强调多元文化的研究提供信息。尽管如此，我希望建立一些宽泛的论点，为未来这类研究提供信息。最后一章，想反思一下美如何在学校的文化生活中得到表达，因为它是作为教学方法的基础价值观之一。我是从这样一个前提假设开始的，即价值观应该决定结构，而不是相反；从一个主导原则开始，即如果美要在教师思维中找到一席之地，老师们需要开始谈论它，这是他们肯定不习惯做的事情。然而，作为一个概念，如果我们意识到美存在于我们自己的学习史和职业生涯的例子中，那么美只是在沉睡，而不是死亡，而且可以被唤醒，重新成为有意识的表达。

1　Clifford Geertz, 'Art as a Cultural System', in *Local Knowledge: Further Essays in Interpretive Anthropology*, New York: Basic Books, (1983), p.118.

我们可以先问自己一些简单的问题。我们有没有读过一个美丽的故事，听过一段美妙的音乐或诗歌，听过一个美妙的想法，看过一部美丽的戏剧，目睹过一段美丽的表演？我们会认为这些经历对年轻人有价值吗？为什么？在我们自己的生活中，我们曾被美深刻地影响着，这与学习有关联吗？以什么方式？孩子有没有为我们制作过一件漂亮的作品？它有多美，为什么这很重要？在专业讨论的背景下解决这些问题可能有助于我们作为教师，阐明美在我们的思维中已经有了不言而喻的地位。同样重要的是它与我们整个职业生涯的关联性。作为教师，我们的生活中什么时候有过特别美好的时刻？在这里，我们中的许多人都会回忆起个别学生的恬静平淡（unspectacular）的反应，这些时刻帮助我们度过了不可避免的艰难、紧张、枯燥乏味与矛盾冲突时期。这样的时刻提醒我们，为什么教学可以是一个美的专业，为什么当初我们成为了教师。

整本书中，我都在说明，美作为一个概念可以给功利主义价值观提供一种必要的对抗。由于其压倒性的优势地位，功利主义价值观有扭曲儿童全面的教育体验的危险。美可以软化技术，为神秘和不确定找到用武之地，美提醒我们，在人类成就的道路上，技术并不总是我们最看重的。美将一种快乐的语言引入教育，对教师和学习者而言，从审美的感性与更直接的回报中，以及从那些来自更严厉、更道德的价值观如责任、努力工作和坚持中，看到价值。美强调体验和全面发展（holistic achievement），而不是技能与技术进步，这在情感教育中尤为重要。在目前主导课程规划的技术-理性主义方法中，谈论"情感素养"和设计一个基于技能的方法试图测定与测量情感发展的方案似乎是有道理的。但美提醒我们，情感和认知是不可分割地联系在一起的，一个不能与另一个脱节，不能单独教授，也不能在经验之外学习。用查尔斯·泰勒（Charles Taylor）的话来说，"体验恐惧就是体验某种可怕或危险的对象;体验羞耻就是体验某种可耻或蒙羞的对象,等等"[1]。经验告诉我们什么是恐惧和可耻的,而学校传统上非常擅长教孩子们恐惧与羞耻,而不需要任何情感素养。相比之下,美是提升而非压制认知—情感学习的来源;我们在观察、评估、参与和回应的同时,也充满热情、钦佩与同情。在这个过程中,我们体验到快乐,因为美的核心奥秘让我们的智力与情感保持活力。学习永远不会枯竭,当它枯竭时,无论经历什么,我们都发现不了美,就像一个八岁男孩回答老师说,他认为他应该学会阅读,这样他可以停下来[2]。在被教导阅读时,就好像这仅仅是一个技术性的、纯粹的认知过程,这个男孩同时学会了一种情感反应——可能是可怕的与可耻的,可能是无聊的和厌烦的,而这无疑与阅读可以且应该为我们打开美的乐趣无关。

如果我们重视美的力量,我们就一定会想要创造一个空间,让学生们能够发现美,并有时间沉浸其中。有时,机会出现了,我们需要抓住它。最近,在英国,我们迎来 18 年来的第一场大雪,这意味着许多学龄儿童以前从未体验过下雪。因此,对老师来说,让孩子们在雪地玩耍,并将其作为当天课程的中心,这不仅仅是情感的回应。但我们不应该依赖这种机缘巧合;作为课程的组成部分,这样的空间需要有意识地规划。如果实地考察要提供这样的空间,教师需要将其规划为公共的社会活动而不仅仅是服务国家课程。作为一名年轻的教师,我有幸与一位了解这一点的同事共事,并向他学习。例如,当我们参观电影《维京人》(*The Vikings*)中的布列塔尼拿铁堡(Fort la Latte in Brittany)时,我们不仅从大门走进去,还趴着爬过草地,然后开玩

---

1   Charles Taylor, 'Self-interpreting Animals', in *Human Agency and Language: Philosophical Papers* 1, Cambridge: Cambridge University Press, (1985), p. 47. For a recent critique of emotional intelligence, see Sophie Rietti, 'Emotional Intelligence as an Educational Goal: A Case for Caution', *Journal of Philosophy of Education*, vol. 42, nos. 3-4, (2008).

2   Helen Arnold, *Listening to Children Reading*, Sevenoaks: Hodder and Stoughton, (1982), p. 16.

笑地（大声地）袭击吊桥。有意识地计划前往达特穆尔国家公园进行为期一周的实地考察，以庆祝作为学习体验组成部分的某种生活品质。素描和写诗的机会使得参观废弃的锡矿与研究土壤侵蚀和花岗岩岩层更加完美。在漫长的六月里，徒步穿越荒野与突岩，晚上则是寻宝、戏剧活动、疯狂游戏、午夜盛宴和烛光下讲鬼故事。当我们回到学校时，孩子们会用他们的草图来画画，这些画连同他们的文字作品，将被安装在精美的作品展示中。有时，还将为学校社团（school community）的其他成员举办一个戏剧、讲故事与音乐之夜，分享他们的经历，庆祝他们所学到的东西。这些记忆在我的脑海中如此栩栩如生，不仅仅是随着年龄的增长而产生的伤感沉思（sentimental musings）；在很大程度上，它们是作为教学经验之美的持久证明。

和学生一样，老师也是如此；如果有机会沉浸在这样的学习体验中，老师可以通过美来恢复精力、激发新的激情。英国皇家莎士比亚剧团多年来一直致力于改变课堂上教授莎士比亚的方式。作为其战略部署的组成部分，教师团队参与了专业认证课程，这些课程安排在埃文河畔斯特拉特福，（Stratford-upon-Avon）从密集的周末开始。除了接受一流的指导外，他们还在演员们最近排练当晚要看的戏剧的工作室里上课。他们待在剧院里，和剧团的一些演员一起参加工作坊，并有机会参观斯特拉特福镇，沿着埃文河岸散步。不出所料，评估显示，教师们带着大大增强的兴趣和热情回到他们的学校和莎士比亚教学中，因此教学更加有效。[1]

我们不能强迫学生通过美来学习。我们不能以教这么多课程的方式强加给他们；但我们可以计划让他们更有可能体验到它的魅力。学校环境有

1　An official evaluation of the RSC's: earning and Performance Network 2006 – 2009 is available from the company's head of school partnerships. Contact Rob Ellkington at rob. elkington@ rsc. org. uk

助于实现这一点,正如瑞吉欧·艾米利亚的模型设计,在那里,光线、颜色、纹理、物品展示、艺术品和活的植物都是有意识设计的一部分,使学校成为美丽的家园。正如我们所见,个性化的课(individual lesson)也具有审美潜力。现在,教师们计划一系列的学习活动,将直接指导与小组活动相结合,并确保活动富有节奏。由于大多数教室都可以免费提供互联网和互动白板,他们也比以往任何时候都更容易获取惊人的视觉信息资源。但是教师们仍然被教导按照狭隘的逻辑规则,而不是丰富的审美潜力,来统一地组织课程。无论它们是如何构思的,上课本质上都是表演的叙事,跟所有的叙述一样,它们既有情节,又有故事线索——换言之,通过这种模式,信息以使其或多或少有趣的方式展开。惊喜、悬念、突然的反转都有助于加深兴趣,节奏、语气和韵律的变化也是如此。因此,这样一课可能比当前流行的做法所考虑的要复杂得多,当前做法一开始就必须把重点目标写在黑板上,有效地迫使孩子们整天、每天都从事同样类型的叙事,没有神秘感,没有悬念,也没有惊喜。不幸的是,这是一种全国统一课程,它将故事的关键特征简化为有开始、中间和结束的事实。

如果一节课本身就是一种叙事,那么整个上学日也是如此。如果它被规划成一个形状优美、完整的东西,着眼于它的模式与节奏、纷争与和谐、纹理与颜色以及课程内容的严格性(strictures),那么对老师和孩子来说,平常上学日会有多快乐、多人性?学校里有各种各样的仪式来表示一天即将结束——椅子放在桌子上,孩子们站在其后等待铃响,在宗教学校里可能背诵祷文。我曾经在一所小学指导过一名学生,在那里,一天在班主任和孩子们一起反思中结束,反思一天都做了些什么。然后是一个短篇故事或一首歌。这些活动给他们带来了一种圆满结束感(sense of completion),而不仅仅是终止,给孩子们带来了快乐而非暂时的逃离。

本书的关键主张之一是，道德和美学不能如此轻易地分开，正如康德以来的观点所倾向假设的那样，"美"的概念有助于我们阐明一系列教育美德，否则这些美德可能会被边缘化。优雅和魅力这些品质既有道德内涵，也有审美内涵，并与我们将其与最好的家庭生活联系在一起的美德产生共鸣。期望我们的老师被评估这些品质，在其他一切之上表现出圣洁，这也许太过分了，但这正是艾瑞斯·默多克的观点：我们转向美，把这些品质带入我们的生活，以帮助我们在自己身上发现它们。考虑到学校里对我们可称之为"生产性"美德（"productive" virtues）诸如竞争力、毅力、合作与自主努力，以及传统自由的美德诸如诚实、正直、坚韧和宽容的强调，美可以提醒我们创造一个平衡的道德环境所需要的更柔和的（softer）美德。我们的老师都是优秀的规划者、知识渊博的评估者、敏锐的行为管理者、高效的正义伸张者，诸多方面都达到了高级水平，这一切都很好，但是，真的只有白人、自由派、中产阶级的父母愿意把他们的孩子交给那些能够发现自己有魅力、开朗、活泼、富有同情心和善良的老师照顾么？[1] 如果学校不重视美，如果学校不是——至少在某些时候——一个美丽的地方，那么教师就不太可能发现这些品质在他们实践中蓬勃发展所需要的遗传背景（genetic background）。

美是脆弱的，也是不确定的；但伊莱恩·斯凯瑞更惊人的一种说法是，当我们遇到美时，美可以拯救生命。我们已经看到，至少在一段时间内，比利·卡斯帕（Billy Caspar）和奥德修斯（Odysseus）都是如此，但这些都是从小说作品中提取的例子。2006 年 6 月，来自巴西的路易斯·爱德华多·苏亚雷斯（Luiz Eduardo Soares）令人感动地谈及了巴西国家城市中的街头儿

1　I take these from Elaine Scarry's summary of what constitutes the qualities of the beautiful as opposed to those of the sublime.

童,特别是许多成为贩毒团伙受害者的青春期男孩。[1] 他说,青春期是一个令人困惑的时期,年轻人不知道自己是谁,但对这些觉得自己在社会上是隐形的男孩来说,这可能是毁灭性的。当毒品贩子给他一把枪时,他发现自己不再是隐形的,他可以用枪指着别人来引起别人的强烈情绪。因此,他的存在通过别人的恐惧与仇恨的凝视得到承认;他加入一个帮派并为之杀人,这样可以为自己构建一个身份认同,矛盾的是,这种身份不是因为对暴力的渴望,而是为了被爱的需要。苏亚雷斯(Soares)认为,这就是为什么艺术对这些男孩如此重要,因为艺术为自我肯定(selfassertion)提供了一种不同的动力,语言与表达形式帮助他们激发强烈的情感,因此不需要枪自己也是可见的。当一个男孩表演一段音乐、舞蹈或戏剧并因此受到赞赏时,他意识到自己正在被关注,自己不再是虚无(nothing),从而靠近正常的人性水平。他大胆地宣称,这种创造表演比经济更能触及一个重大社会问题的战略神经。对于他所那些男孩来说,美确实可以拯救生命。

为了离家更近,以及大多数教师的日常经历,我最近和一位负责让学校摆脱特殊措施的校长交谈。提到我的这个项目,我问她是否能回忆起她职业生涯中美好时刻。她几乎没停顿,告诉我她目前工作的学校有个八岁的男孩——让我们叫他比利(Billy)吧。比利从来都不认识他的父亲。他的弟弟在他还是婴儿时就去世了,众所周知,他母亲的现任男友很暴力,经常殴打他。六个月前,当这位校长开始在学校工作时,比利既不会读,也不会写自己的名字。然而,那周早些时候,他来到她的办公室,告诉她他已经达到

---

1 At an international conference on Performance Studies held in Queen Mary College, University of London, in June 2006. Luiz Eduardo Soares is Municipal Secretary for the Valorization of Life and the Prevention of Violence in Nova Iguaçu (Rio de Janeiro). Formerly he was National Secretary of Public Security (2003) and Sub-Secretary of Security and Co-ordinator of Security, Justice and Citizenship for the State of Rio de Janeiro (1999 – 2000).

了7级阅读水平，并自豪地通过书背面的图表追踪了他在过去几周取得的进展。这是她的美好时刻，但她无法将其跟她与比利关系的叙事隔离开来。显然，通过更好的资源管理和有针对性的学习，比利取得了显著的进步，他需要看到自己正在取得的进步得到了明确的认可。但她告诉我，故事的关键是一系列更亲密的瞬间和个人干预。起初，比利经常捣乱，扔教室设备或跑到学校操场躲起来。察觉到他喜欢玩克里克西积木（clixy building bricks），于是她坚定地和他交谈，并承诺如果他能控制好自己的行为，他可以定期为学校挑选一套新设备。协议达成后，每当收到包裹时，他都会被邀请到她的办公室，在那里他可以打开包裹，享受成为第一个玩包裹的孩子的乐趣。这个过程不需要持续太久。如今，他的进步不仅是他自己的回报，有时也是他的慰藉。在我们谈话的前一天，对比利来说很糟糕，但当他被带到她的办公室时，他没有跑掉，也没有骂人，甚至没有要求玩克里克西套装积木（the clixy set）；相反，他想做语音拼读作业。他说道："我想做自己的发音。"就好像他知道，符号与声音相匹配的轻柔节奏以及每次都被默默地赞美会让他平静下来。

比利的情感与社交生活是脆弱的，他在正常的行为与学习方式，以及与成年人稳定的信任关系方面的进步也是脆弱的。这是比利和校长所分享的一个短暂而亲密的幸福时刻，在某种程度上象征着他有一个更美好未来。这是一个非常家庭化的时刻，正如斯坦利·卡维尔（Stanley Cavell）所定义的："一种日常的、现在的，这里的，再次的，永远不会再发生的成就。"[1] 希望与不确定的融合使它变得美丽，正如乔治·艾略特提醒我们的那样，这种美的力量不在于任何比例的秘密，而在于它所传达的深刻的人类同情的秘密。这种品质高于其他品质，伟大而平凡的人，成就教育之美。

1　Stanley Cavell, *Conditions Handsome and Unhandsome*, Chicago: University of Chicago Press, (1990), p.61.